# OBJECTIF EXPRESS 1

Le monde professionnel en français

A1/A2

## CAHIER D'ACTIVITÉS

**Anne Bolomier,** formatrice à l'Alliance Française de Paris
**Anne-Lyse Dubois,** formatrice à l'Alliance Française de Paris
**Sara Kaddani,** formatrice à l'Alliance Française de Paris

Crédits photographiques
Couverture et intérieur : Shutterstock

**Couverture :** Véronique Lefebvre
**Maquette intérieure :** Véronique Lefebvre
**Adaptation graphique :** Anne Krawczyk
**Mise en page :** Anne Krawczyk
**Relecture :** Brigitte Luttiau
**Illustrations :** Bruno David
**Production sonore :** Quali'sons / David Hassici

978-2-01-717541-4
© HACHETTE LIVRE 2022
58, rue Jean-Bleuzen - F 92178 Vanves cedex, France
http://www.hachettefle.fr

Le code de la propriété intellectuelle n'autorisant, aux termes des articles L. 122-4 et L. 122-5, d'une part, que « les copies ou reproductions strictement réservées à l'usage privé du copiste et non destinées à une utilisation collective » et, d'autre part, que « les analyses et les courtes citations » dans un but d'exemple et d'illustration, « toute représentation ou reproduction intégrale ou partielle, faite sans le consentement de l'auteur ou de ses ayants droit ou ayant cause, est illicite ». Cette représentation ou reproduction, par quelque procédé que ce soit, sans autorisation de l'éditeur ou du Centre français de l'exploitation du droit de copie (20, rue des Grands-Augustins, 75006 Paris), constituerait donc une contrefaçon sanctionnée par les articles 425 et suivants du Code pénal.

# Sommaire

## A1

| Séquence 1 | Se présenter | 4-6 |
| Séquence 2 | Donner des informations personnelles | 7-9 |
| Séquence 3 | Présenter une personne | 10-12 |
| BILAN 1 | | 13-14 |
| Séquence 4 | Demander des informations personnelles | 15-17 |
| Séquence 5 | Planifier des actions | 18-20 |
| Séquence 6 | Prendre une décision | 21-23 |
| BILAN 2 | | 24-25 |
| Séquence 7 | Décrire un espace de travail | 26-28 |
| Séquence 8 | Donner des instructions | 29-31 |
| Séquence 9 | Commander un repas | 32-34 |
| BILAN 3 | | 35-36 |
| Séquence 10 | Régler des problèmes | 37-39 |
| Séquence 11 | Participer à une réunion | 40-42 |
| Séquence 12 | Décrire des activités | 43-45 |
| BILAN 4 | | 46-47 |
| Séquence 13 | Laisser un message téléphonique | 48-50 |
| Séquence 14 | Comparer des produits et des services | 51-53 |
| Séquence 15 | Donner des conseils | 54-56 |
| BILAN 5 | | 57-58 |
| Séquence 16 | Raconter une expérience | 59-61 |
| Séquence 17 | Présenter son parcours professionnel | 62-64 |
| Séquence 18 | Raconter ses vacances | 65-67 |
| BILAN 6 | | 68-69 |

## A2

| Séquence 19 | Présenter un produit | 70-72 |
| Séquence 20 | Indiquer de bonnes pratiques | 73-75 |
| Séquence 21 | Décrire une tenue | 76-78 |
| BILAN 7 | | 79-80 |
| Séquence 22 | Décrire une expérience professionnelle | 81-83 |
| Séquence 23 | Exprimer son opinion | 84-86 |
| Séquence 24 | Raconter un séjour | 87-89 |
| BILAN 8 | | 90-91 |
| Séquence 25 | Décrire un métier | 92-94 |
| Séquence 26 | Échanger sur une formation | 95-97 |
| Séquence 27 | Choisir une sortie | 98-100 |
| BILAN 9 | | 101-102 |
| Séquence 28 | Organiser un événement | 103-105 |
| Séquence 29 | Échanger sur sa santé | 106-108 |
| Séquence 30 | Décrire un comportement et des habitudes | 109-111 |
| BILAN 10 | | 112-113 |

*Transcriptions*     114
*Corrigés*     121

## SÉQUENCE 1 — Se présenter

### COMPRÉHENSION ÉCRITE

**1** Lisez le mail et cochez la bonne réponse.

**Objet : rendez-vous BSA Consulting**
Murielle Tournon <murielle-tournon@bsa-consulting.com>   À Éliane Lefort, moi

Bonjour Madame Lefort,

Je suis Murielle Tournon.
Je travaille pour BSA Consulting. Nous sommes à Genève, Paris et Bruxelles et nous sommes 120 collaborateurs.
Je suis conseillère juridique et je travaille avec des entreprises en Europe.

À bientôt pour un rendez-vous.

Cordialement

Murielle Tournon

a. Murielle Tournon et Madame Lefort sont collègues.
1. ☐ Vrai    2. ☐ Faux    3. ☐ On ne sait pas.

b. Murielle Tournon est la directrice de BSA Consulting.
1. ☐ Vrai    2. ☐ Faux    3. ☐ On ne sait pas.

c. Madame Lefort est conseillère juridique.
1. ☐ Vrai    2. ☐ Faux    3. ☐ On ne sait pas.

d. Les bureaux de BSA Consulting sont en Europe.
1. ☐ Vrai    2. ☐ Faux    3. ☐ On ne sait pas.

e. Murielle Tournon habite à Paris.
1. ☐ Vrai    2. ☐ Faux    3. ☐ On ne sait pas.

### ENTRAÎNEMENT

#### Manières de dire

**2** Associez les indications aux phrases correspondantes.

a. Le prénom et le nom • • 1. J'habite à Rio.
b. Le lieu d'habitation • • 2. Je suis téléconseillère.
c. L'employeur • • 3. Je travaille au Brésil.
d. Le service • • 4. Je travaille pour Air France.
e. La profession • • 5. Je m'appelle Julia dos Santos.
f. Le lieu de travail • • 6. Je travaille au service commercial.

## Vocabulaire

### 3. Les services

**Indiquez le service sous chaque image.**

a. le service marketing et communication
b. ~~le service des ressources humaines~~
c. le service recherche et développement
d. le service juridique
e. le service logistique
f. le service financier
g. le service informatique

1. b. ..........  2. ..........  3. ..........  4. ..........

5. ..........  6. ..........  7. ..........

## Grammaire

### 4. Le masculin et le féminin des professions

**Transformez au masculin ou au féminin. Consultez un dictionnaire pour connaître les professions.**

Ex. : Je suis directeur des ventes. → Elle est **directrice** des ventes.

a. Je suis danseur. → Elle est .......... .
b. Je suis pharmacienne. → Il est .......... .
c. Je suis assistant administratif. → Elle est .......... administrative.
d. Je suis technicien vidéo. → Elle est .......... vidéo.
e. Je suis influenceuse. → Il est .......... .
f. Je suis vétérinaire. → Il est .......... .
g. Je suis boulanger. → Elle est .......... .
h. Je suis consultante en stratégie. → Il est .......... en stratégie.
i. Je suis agriculteur. → Elle est .......... .
j. Je suis caissière. → Il est .......... .

### 5. Les prépositions *à* et *en*

**Complétez avec à ou en.**

Je travaille à Lisbonne pour une multinationale et ma collègue Cynthia travaille .......... Amsterdam. Le siège social est .......... Londres, mais les collaborateurs sont .......... Europe et .......... Amérique du Nord. L'entreprise développe son activité .......... Amérique du Sud. Je vais participer à une conférence .......... Rio de Janeiro.

**Séquence 1**    Se présenter

## Conjugaison

### 6. Le verbe *être* au présent de l'indicatif
**Complétez avec les formes correctes du verbe *être*.**

Ex. : Je **suis** Nadine Caron, la cheffe des ventes.

a. Barbara Schmitt ........................... pharmacienne ?
b. Je vous présente Harriett et Mickaella. Elles ........................... commerciales.
c. Vous ........................... le responsable des ressources humaines ?
d. Erwan Nicolas ........................... ingénieur.
e. Bonjour, Gilles et Nathalie Duelle. Nous ........................... médecins généralistes.

### 7. Les verbes en *-er* au présent de l'indicatif (avec *je*)

**A.** 🎧002 Écoutez et écrivez les infinitifs.

Ex. : Habiter

1. ...........................
2. ...........................
3. ...........................
4. ...........................
5. ...........................
6. ...........................

**B.** Conjuguez les verbes de l'activité **A** avec *je* ou *j'*.

Ex. : Habiter : j'habite

1. ...........................
2. ...........................
3. ...........................
4. ...........................
5. ...........................
6. ...........................

## Phonie-graphie

### Les professions en *-ien/-ienne*

**8. A.** 🎧003 Écoutez et cochez la forme entendue.

| Masculin | | Féminin | |
|---|---|---|---|
| Ex. : pharmacien | × | pharmacienne | |
| 1. mécanicien | | 1. mécanicienne | |
| 2. informaticien | | 2. informaticienne | |
| 3. physicien | | 3. physicienne | |
| 4. électricien | | 4. électricienne | |
| 5. chirurgien | | 5. chirurgienne | |
| 6. comédien | | 6. comédienne | |

J'écris :    je prononce :
*-ien* au masculin    [jɛ̃]
*-ienne* au féminin    [jɛn]

**B.** 🎧004 Écoutez et complétez avec *-ien* ou *-ienne*.

Ex. : Je suis music**ienne**.

1. Je suis mathématic........................... .
2. Je suis chirurg........................... .
3. Je suis technic........................... .
4. Je suis pharmac........................... .
5. Je suis politic........................... .
6. Je suis magic........................... .

# SÉQUENCE 2 — Donner des informations personnelles

**A1**

## COMPRÉHENSION ORALE

**1.** 🎧 005 Écoutez la conversation entre Léa et Stéphane et cochez la bonne réponse.

a. ▸ Le nom de famille de Léa est…
1. ☐ Barty.
2. ☐ Marty.
3. ☐ Narty.
4. ☐ Sarty.

b. ▸ Elle est…
1. ☐ belge.
2. ☐ anglaise.
3. ☐ française.
4. ☐ allemande.

c. ▸ Elle étudie à…
1. ☐ Lyon.
2. ☐ Paris.
3. ☐ Londres.
4. ☐ Bruxelles.

d. ▸ Elle est étudiante en…
1. ☐ finance.
2. ☐ marketing.
3. ☐ informatique.
4. ☐ communication.

e. ▸ Elle cherche un stage…
1. ☐ d'un mois.
2. ☐ de quatre mois.
3. ☐ de six mois.
4. ☐ de huit mois.

## ENTRAÎNEMENT

### Manières de dire

**2.** Associez.

a. Vous êtes
b. Vous parlez
c. Vous étudiez
d. Vous recherchez
e. Vous êtes bilingue
f. Vous êtes disponible
g. Vous êtes étudiant

1. pour un rendez-vous.
2. le marketing.
3. canadienne.
4. anglais, français, espagnol et chinois.
5. un stage de 10 mois à partir du 15 février.
6. en mathématiques.
7. anglais-russe.

### Vocabulaire

**3.** Les nombres de 0 à 31

🎧 006 Écoutez et entourez les nombres entendus.

Ex. : douze

| 1 | 2 | 3 | 4 | 5 | 6 |
|---|---|---|---|---|---|
| 7 | 8 | 9 | 10 | 11 | ⓬ |
| 13 | 14 | 15 | 16 | 17 | 18 |
| 19 | 20 | 21 | 22 | 23 | 24 |
| 25 | 26 | 27 | 28 | 29 | 30 |

## Séquence 2 — Donner des informations personnelles

### 4 Les mois de l'année et la date

🎧 007 Écoutez et écrivez la date.

Ex. : Je suis disponible le 15 août.

a. Rendez-vous le ............................................... .
b. Je recherche un stage à partir du ............................... .
c. Je suis disponible à partir du ............................... .
d. La conférence est le ............................................... .
e. J'ai un rendez-vous le ............................................... .
f. Vous êtes disponibles le ............................................... .

### 5 Les domaines d'études

Complétez la grille avec les domaines d'études et trouvez le mot mystère.

Mot mystère : ☐ ☐ ☐ D ☐ ☐ ☐

### 6 La recherche de stage (ou d'emploi)

Complétez avec : CV, ~~stagiaires~~, demande, lettre de motivation, stage, postulez, entretien.

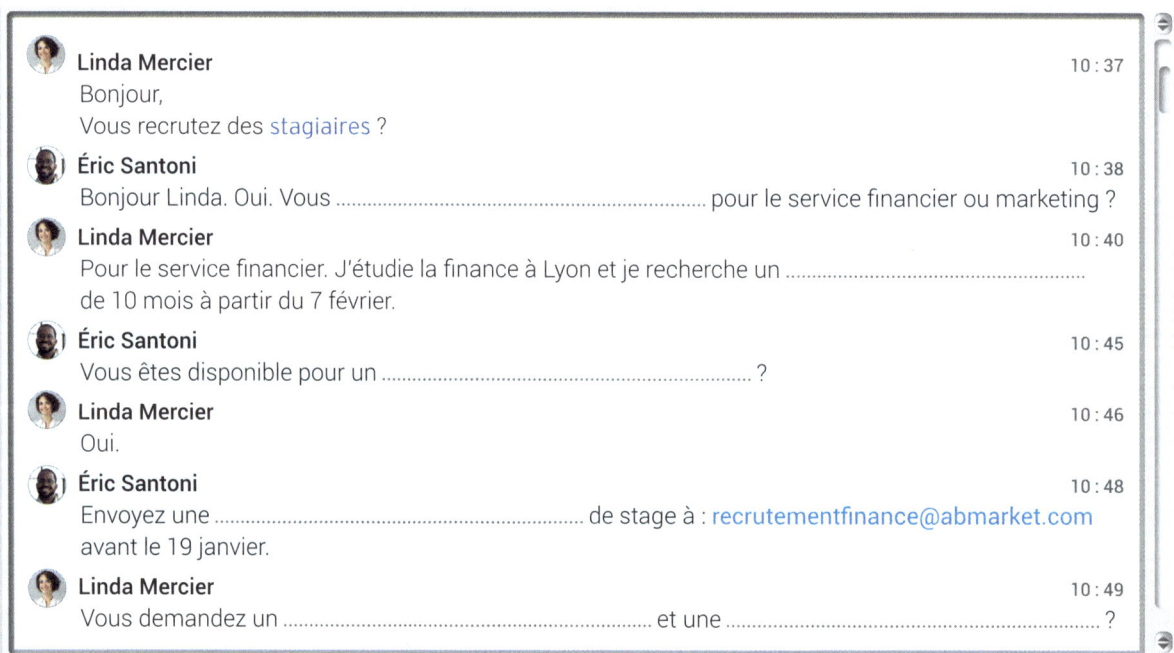

Donner des informations personnelles — Séquence 2 — A1

## Grammaire

### 7. Le masculin et le féminin des adjectifs de nationalité

Entourez la réponse correcte.

Ex. : Je suis ghanéen / (ghanéenne).

a. Je suis chilien / chilienne.
b. Je suis marocaine / marocain.
c. Je suis danois / danoise.
d. Je suis allemande / allemand.
e. Je suis espagnole / espagnol.
f. Je suis française / français.

### 8. Les articles définis *le, la, l', les*

Transformez les mots du singulier au pluriel ou du pluriel au singulier.

Ex. : la science → les sciences

a. les entretiens (m) → ...............
b. le stage → ...............
c. la nationalité → ...............
d. les langues (f) → ...............
e. les services (m) → ...............
f. l'étude (f) → ...............

## Conjugaison

### 9. Les verbes en *-er* au présent de l'indicatif

Complétez avec la terminaison correcte.

Ex. : Le responsable travaille à Londres.

a. Vous recrut........ un comptable au service financier ?
   Non, nous recherch........ un assistant commercial.

b. Les stagiaires parl........ portugais ?
   Oui et ils étudi........ à Paris.

c. Tu complèt........ ta candidature ?
   Oui, je recherch........ un stage de 4 mois.

## Phonie-graphie

### La discrimination [e] comme *les* et [ə] comme *le*

**10. A.** (008) Écoutez. Vous entendez deux formes identiques ou deux formes différentes ? Cochez.

Ex. : **Les** candidatures / **les** candidatures

|  | Ex. | 1. | 2. | 3. | 4. | 5. | 6. |
|---|---|---|---|---|---|---|---|
| Deux formes identiques = | × | | | | | | |
| Deux formes différentes ≠ | | | | | | | |

**B.** (009) Écoutez et complétez avec *le* ou *les*. Ajoutez le *-s* aux noms pluriels.

Ex. : ........ lettre ........ → les lettres

1. ........ journalisme ........
2. ........ dessin ........
3. ........ stagiaire ........
4. ........ science ........ politique ........
5. ........ sport ........
6. ........ étude ........

[le] comme *les* = bouche très souriante
[lə] comme *le* = bouche arrondie

## SÉQUENCE 3 — Présenter une personne

### COMPRÉHENSION ÉCRITE

**1** Lisez l'échange sur le site et cochez la bonne réponse.

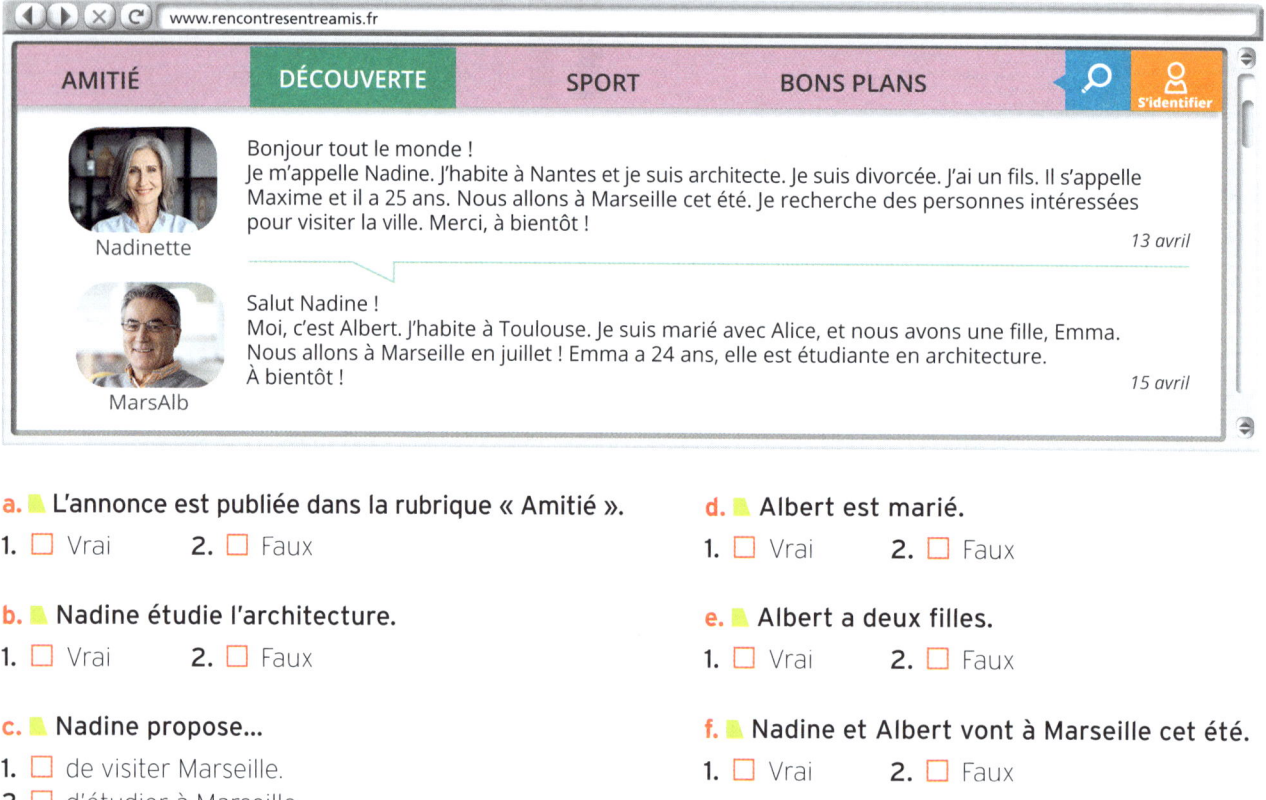

a. ■ L'annonce est publiée dans la rubrique « Amitié ».
1. ☐ Vrai  2. ☐ Faux

b. ■ Nadine étudie l'architecture.
1. ☐ Vrai  2. ☐ Faux

c. ■ Nadine propose…
1. ☐ de visiter Marseille.
2. ☐ d'étudier à Marseille.
3. ☐ de travailler à Marseille.

d. ■ Albert est marié.
1. ☐ Vrai  2. ☐ Faux

e. ■ Albert a deux filles.
1. ☐ Vrai  2. ☐ Faux

f. ■ Nadine et Albert vont à Marseille cet été.
1. ☐ Vrai  2. ☐ Faux

### ENTRAÎNEMENT

#### Manières de dire

**2** Complétez les dialogues avec : Bonjour Madame / Ça va, merci. Et toi / ~~Coucou~~ / Il a des clients en Allemagne, au Portugal et aux États-Unis / Il a 30 ans / Il s'appelle Tom / Tu vas bien / Vous allez bien.

a.
– Salut !
– Coucou ! ..................................... ?
– ..................................... ?
– Ça va ! Regarde mon selfie avec mon nouveau copain !
– Comment il s'appelle ?
– ..................................... .
– Il a quel âge ?
– ..................................... .

b.
– ..................................... .
– Bonjour Hélène.
..................................... ?
– Très bien, merci. Et vous ?
– Ça va, merci. Hélène, voici Simon. Il travaille à Paris, il est commercial.
– ..................................... .

10 | dix

## Vocabulaire

### 3. Les nombres de 30 à 69

🎧 Écoutez et écrivez les prix en chiffres.

Ex. : trois places de cinéma  trente-six euros et trente centimes = 36,30 €

a.  = .................. €

d.  = .................. €

b.  = .................. €

e.  = .................. €

c.  = .................. €

f.  = .................. €

## Grammaire

### 4. Les prépositions *en, au, aux*

Entourez la préposition correcte.

Ex. : Francky a des clients à / (en) / au / aux Inde.

a. James habite à / en / au / aux États-Unis.

b. Erica travaille à / en / au / aux Guinée.

c. Felipe et Preeti vont à / en / au / aux Philippines.

d. Maria cherche une maison à / en / au / aux Mexique.

e. Finn va à / en / au / aux Singapour.

f. Thorsten est commercial à / en / au / aux Finlande.

### 5. Les articles indéfinis *un, une, des*

A. Classez les mots dans le tableau : ~~continent~~, profession, stage, service, visioconférence, ville, information, projet, email.

B. Transformez au pluriel.

| UN | UNE | DES |
|---|---|---|
| Ex. : continent | | (des) continents |
| | | |
| | | |
| | | |
| | | |

# Séquence 3 — Présenter une personne

## Conjugaison

### 6. Les verbes *être* et *avoir* au présent de l'indicatif

**Entourez le verbe correct.**

Ex. : Tu (as) / es 20 ans.

a. J'ai / Je suis un frère.
b. Tu as / es en Espagne.
c. Elle a / est mariée.
d. Nous avons / sommes en vacances.
e. Vous avez / êtes un travail.
f. Ils ont / sont un fils.

### 7. Les verbes *aller*, *être* et *avoir* au présent de l'indicatif

**Complétez les dialogues avec les verbes *aller*, *être* et *avoir*.**

Ex. : – Salut Umberto, tu *(aller)* **vas** à Edimbourg en mai ?
– Coucou Julia ! Non, je *(aller)* **vais** à Glasgow.

a. – Bonjour Lian, bonjour Gilles, vous *(aller)* ........................... bien ?
– Oui, nous *(aller)* ........................... très bien, merci.

b. – Nous *(avoir)* ........................... des nouvelles de Martine et Alan.
– Ah ! Ils *(aller)* ........................... bien ?
– Oui, très bien. Ils *(être)* ........................... en vacances au Portugal.

c. – Vous *(avoir)* ........................... des enfants ?
– Oui, je *(avoir)* ........................... un fils. Il *(avoir)* ........................... 22 ans. Il *(être)* ........................... étudiant.

d. – Tu *(être)* ........................... célibataire ?
– Non, je *(être)* ........................... marié.

## Phonie-graphie

### Les liaisons obligatoires

### 8. A. Indiquez les liaisons obligatoires comme dans l'exemple.

Ex. : Le pantalon coûte huit_euros.

1. Vous allez en Espagne pour le travail ?
2. Je suis disponible pour un entretien en août.
3. Ils ont un appartement à Londres, en Angleterre.
4. Je vais en Amérique du Sud pour étudier les arts.
5. Les entretiens pour le stage sont le vingt et un juillet.
6. Nous avons deux enfants : Jonas a cinq ans et Diane a neuf ans.

**B.** 🎧 011 Écoutez pour vérifier, puis répétez.

# Bilan 1

**A1**

## Structures de la langue

**Cochez la bonne réponse.**

**1.** Bonjour. Je m'appelle Oscar Weber, je suis…
a. ☐ vendeur.
b. ☐ vendeurs.
c. ☐ vendeuse.
d. ☐ vendeuses.

**2.** Je suis allemand et j'habite … Allemagne.
a. ☐ à
b. ☐ en
c. ☐ au
d. ☐ aux

**3.** Youri … 30 ans.
a. ☐ a
b. ☐ as
c. ☐ es
d. ☐ est

**4.** Alex et Martha … le marketing.
a. ☐ étudies
b. ☐ étudions
c. ☐ étudiez
d. ☐ étudient

**5.** Nous … quatre collègues : Arthur, Cindy, Helen et Malick.
a. ☐ as
b. ☐ avons
c. ☐ avez
d. ☐ ont

**6.** C'est Emma ! Elle est…
a. ☐ avocate.
b. ☐ comptable.
c. ☐ téléconseillère.
d. ☐ informaticienne.

**7.** Vous … en Asie ?
a. ☐ es
b. ☐ est
c. ☐ sommes
d. ☐ êtes

**8.** Diana est danoise. Son pays est … Danemark.
a. ☐ l'
b. ☐ le
c. ☐ la
d. ☐ les

**9.** Je suis étudiant en…
a. ☐ arts.
b. ☐ droit.
c. ☐ économie.
d. ☐ médecine.

**10.** Je suis disponible pour un rendez-vous le 28/07. C'est en…
a. ☐ mars.
b. ☐ mai.
c. ☐ juillet.
d. ☐ septembre.

**11.** Demain, je … au bureau.
a. ☐ vais
b. ☐ vas
c. ☐ va
d. ☐ vont

**12.** Vous étudiez … économie ?
a. ☐ l'
b. ☐ le
c. ☐ la
d. ☐ les

**13.** J'ai rendez-vous … 16 mars.
a. ☐ le
b. ☐ au
c. ☐ en
d. ☐ pour

**14.** … travailles à Paris ?
a. ☐ Je
b. ☐ Tu
c. ☐ Il / Elle
d. ☐ Ils / Elles

**15.** Vous envoyez votre … pour un stage ?
a. ☐ emploi
b. ☐ entretien
c. ☐ recherche
d. ☐ candidature

Mon score ……… /15

# Bilan 1

## Compréhension orale

🎧 **012** Écoutez la présentation de la nouvelle employée et cochez la bonne réponse.

**1.** Céline Fuchs travaille au service...
a. ☐ financier.  b. ☐ marketing.  c. ☐ commercial.

**2.** Céline est...
a. ☐ belge.  b. ☐ française.  c. ☐ allemande.

**3.** Céline a...
a. ☐ 37 ans.  b. ☐ 47 ans.  c. ☐ 57 ans.

**4.** Identifiez la photo des enfants de Céline.
a. ☐   b. ☐   c. ☐

**5.** Céline habite...
a. ☐ en France.  b. ☐ au Canada.  c. ☐ en Belgique.

Mon score ........ /5

## Compréhension écrite

**Lisez l'article et cochez la bonne réponse.**

### Histoires à succès

• Ahmed Benjalla a 27 ans. Il est né à Casablanca au Maroc. Il fait une grande école de marketing à Paris. Il rencontre Bassel et Jeff pendant un stage. Après le Master, ils s'installent à Londres. Ahmed est commercial, Bassel est informaticien et Jeff est rédacteur web. Tous les trois ont une idée : créer une application pour trouver un(e) chef cuisinier. Après une année de développement, ils lancent leur application : « Chef à la demande ».
L'application est d'abord disponible à Londres, puis à Paris. Un lancement à Madrid et Turin à partir du 1er décembre est en discussion.

• Priyanka Singh est née à Bombay, en Inde. À 22 ans, elle fait un stage de marketing en France, à Toulouse et elle rencontre Estrella Lopez. Elles font un voyage de six mois au Costa Rica. Après le voyage, elles ont un projet : créer une application de visites guidées. Après trois mois, l'application « Costa Découverte » est un succès. Elles ont beaucoup de clients en Angleterre, en France et en Espagne.

**1.** Ahmed Benjalla étudie...
a. ☐ à Paris, en France.
b. ☐ à Casablanca, au Maroc.
c. ☐ à Londres, en Angleterre.

**2.** Ahmed travaille dans...
a. ☐ la finance.
b. ☐ le commerce.
c. ☐ l'informatique.

**3.** L'application « Chef à la demande » est disponible...
a. ☐ à Madrid et à Turin.
b. ☐ à Paris et à Londres.
c. ☐ à Paris, Londres, Madrid et Turin.

**4.** Priyanka Singh est stagiaire...
a. ☐ en Inde.
b. ☐ en France.
c. ☐ au Costa Rica.

**5.** L'application « Costa Découverte » est une application pour...
a. ☐ les touristes.
b. ☐ les étudiants.
c. ☐ les guides touristiques.

Mon score ........ /5

## SÉQUENCE 4 — Demander des informations personnelles

**A1**

### COMPRÉHENSION ORALE

**1.** 🎧 013 Écoutez la conversation entre Madame Esposito et un employé de l'ambassade de France. Cochez la bonne réponse.

**a.** Madame Esposito habite…
1. ☐ en Italie.
2. ☐ en France.
3. ☐ en Espagne.

**c.** Elle a quel âge ?
1. ☐ 22 ans
2. ☐ 32 ans
3. ☐ 42 ans

**e.** Elle a combien d'enfants ?
1. ☐ Zéro
2. ☐ Un
3. ☐ Deux

**b.** Elle est…
1. ☐ dentiste.
2. ☐ graphiste.
3. ☐ journaliste.

**d.** Elle est…
1. ☐ célibataire.
2. ☐ mariée.
3. ☐ divorcée.

**f.** Elle prend l'avion le…
1. ☐ 5 mars.
2. ☐ 15 mars.
3. ☐ 25 mars.

### ENTRAÎNEMENT

#### Manières de dire

**2.** 🎧 014 Écoutez et écrivez les questions devant la réponse correspondante.

Ex. : – a. Quel est votre âge ?
   – 45 ans.

1. ............... Je suis graphiste.
2. ............... Oui. Je travaille dans une entreprise à côté de la tour Eiffel.
3. ............... Oui. Je prends le métro et le bus.
4. ............... Non. J'écoute de la musique.
5. ............... Je marche beaucoup.
6. ............... Oui, mais je n'ai pas de voiture.

#### Vocabulaire

**3. Les transports**

Associez le moyen de transport au lieu correspondant.

a. l'avion    b. le bateau    c. le bus    d. le métro    e. le train    f. la voiture

1. un port    2. un arrêt    3. un garage    4. une gare    5. un aéroport    6. une station

## Séquence 4 — Demander des informations personnelles

### Grammaire

#### 4 La question avec inversion du sujet

**Transformez les questions à la forme formelle, puis à la 2ᵉ personne du singulier.**

Ex. : Vous parlez français au travail ?
→ **Parlez-vous** français au travail ? / **Parles-tu** français au travail ?

a. Vous avez des collègues étrangers ?
→ ............................ des collègues étrangers ? / ............................ des collègues étrangers ?

b. Vous écoutez de la musique au bureau ?
→ ............................ de la musique au bureau ? / ............................ de la musique au bureau ?

c. Vous travaillez le week-end ?
→ ............................ le week-end ? / ............................ le week-end ?

d. Vous traitez vos mails le soir à la maison ?
→ ............................ vos mails le soir à la maison ? / ............................ tes mails le soir à la maison ?

e. Vous regardez vos messages dans le train ?
→ ............................ vos messages dans le train ? / ............................ tes messages dans le train ?

f. Vous utilisez votre ordinateur ?
→ ............................ votre ordinateur ? / ............................ ton ordinateur ?

#### 5 Les adjectifs interrogatifs *quel, quelle, quels, quelles* + verbe *être* / Les adjectifs possessifs *votre* et *vos*

**Complétez les questions avec *quel, quelle, quelles* ou *quels*. Puis entourez l'adjectif possessif correct.**

Ex. : Quelle est (votre) / vos profession ?

a. ............................ est votre / vos bureau ?
b. ............................ sont votre / vos dossiers ?
c. ............................ est votre / vos ordinateur ?
d. ............................ est votre / vos entreprise ?
e. ............................ sont votre / vos disponibilités ?
f. ............................ est votre / vos ville de résidence ?
g. ............................ est votre / vos domaine d'études ?
h. ............................ sont votre / vos activités le week-end ?
i. ............................ est votre / vos activité professionnelle ?
j. ............................ sont votre / vos réseaux sociaux préférés ?

#### 6 La forme négative *ne … pas*

**Transformez les phrases à la forme négative.**

Ex. : Ils habitent à Lyon. → Ils n'habitent pas à Lyon.

a. Vous êtes français. → ............................
b. Les collègues écoutent le directeur. → ............................
c. Tu parles anglais ? → ............................
d. Je travaille en août. → ............................
e. L'assistante regarde mon dossier. → ............................
f. Nous allons sur les réseaux sociaux. → ............................
g. J'ai la nationalité chinoise. → ............................
h. Tu voyages beaucoup. → ............................
i. Je suis médecin. → ............................

Demander des informations personnelles  Séquence 4  **A1**

## Conjugaison

### 7. Le verbe *prendre* au présent de l'indicatif

Associez comme dans l'exemple pour indiquer le moyen de transport typique de la ville.

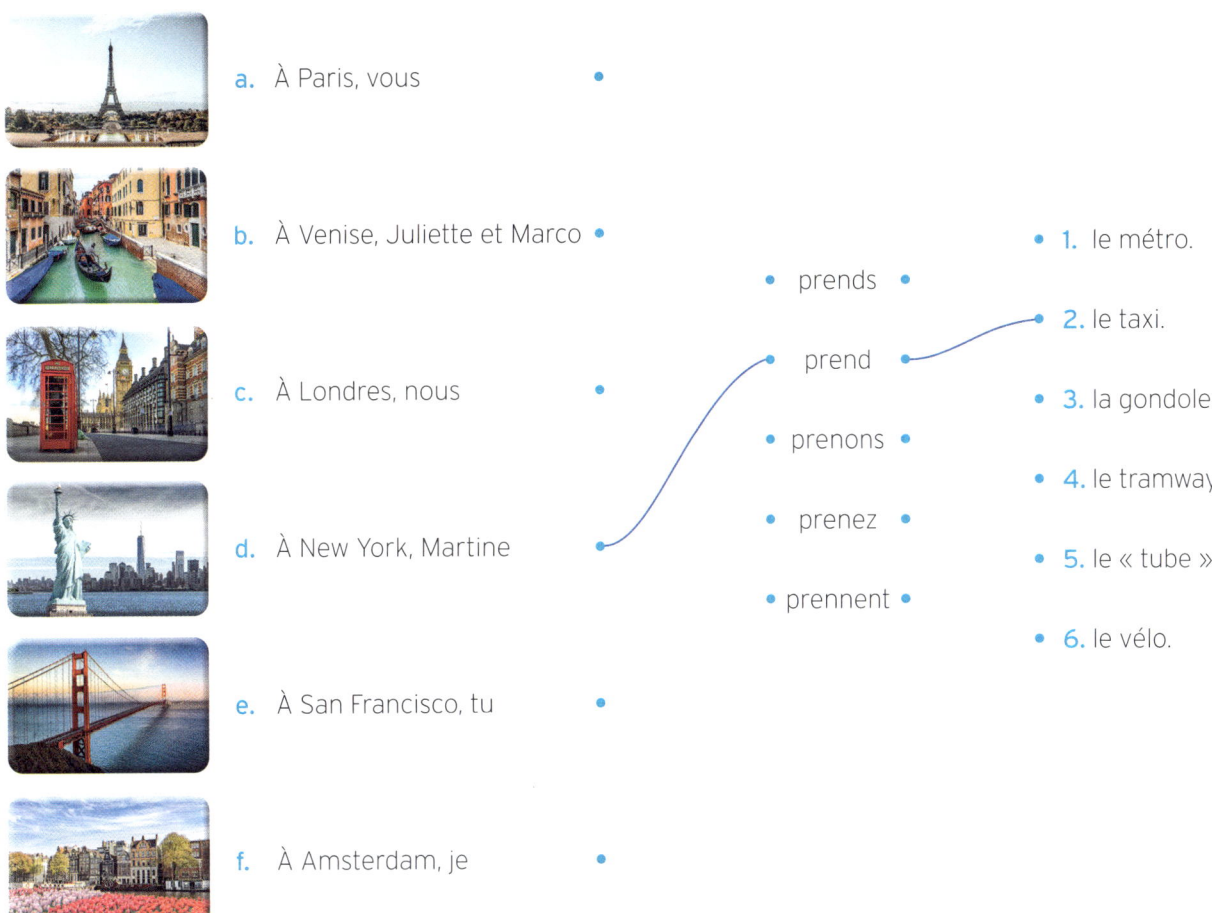

a. À Paris, vous
b. À Venise, Juliette et Marco
c. À Londres, nous
d. À New York, Martine
e. À San Francisco, tu
f. À Amsterdam, je

- prends
- prend
- prenons
- prenez
- prennent

1. le métro.
2. le taxi.
3. la gondole.
4. le tramway.
5. le « tube ».
6. le vélo.

## Phonie-graphie

### Les lettres finales non prononcées

**8. A.** 🎧 015 Écoutez et barrez les lettres finales non prononcées.

Ex. : Je vais à Tokyo.

1. J'étudie à la maison.
2. Elle utilise les réseaux sociaux.
3. Il prend le métro et il traite ses mails.
4. Je ne téléphone pas dans la voiture.
5. Je regarde des films pendant le trajet.
6. Tu écoutes de la musique sur le téléphone.

**B.** 🎧 015 Réécoutez et répétez.

> En général, on ne prononce pas les lettres *d*, *n*, *s*, *t*, *x* et *e* à la fin des mots.

# SÉQUENCE 5 — Planifier des actions

## COMPRÉHENSION ÉCRITE

**1** Lisez la discussion dans le tchat professionnel.

---

**Équipe administration** - 4 membres

**Marco :** Bonjour à tous. Nous devons organiser la visite des clients. — 14:15

**Martha :** Quel est le programme ? — 14:20

**Marco :** Ils doivent arriver mercredi 16 le matin et repartir jeudi 17. Ils sont trois. Jeudi matin, nous allons faire la visite des deux boutiques. — 14:23

**Johan :** Je vais envoyer un message aux interprètes demain matin. Qui va à l'aéroport ? — 14:31

**Martha :** C'est moi. Je vais appeler un taxi cet après-midi. — 14:35

**Marco :** Parfait ! La réunion est mercredi après-midi. Nous allons manger au restaurant à 12 h 30. Qui réserve ? C'est toi Johan ? — 14:41

**Johan :** Non, ce n'est pas moi, @Lin c'est toi ? — 14:46

**Lin :** Oui, c'est moi ! J'ai rendez-vous avec le chef du restaurant *Les Délices* demain soir pour les menus. Et avec Martha, nous allons voir l'hôtel cette semaine et nous prenons les billets pour le spectacle de mercredi soir. — 14:51

**Marco :** Super ! Vous devez aussi fixer un rendez-vous avec le service comptabilité. — 14:57

---

**A. Cochez la bonne réponse.**

1. L'équipe prépare…
   a. ☐ une visite.
   b. ☐ une présentation.
   c. ☐ une visioconférence.

2. La réunion est…
   a. ☐ le matin.
   b. ☐ l'après-midi.
   c. ☐ le soir.

**B. Associez les photos aux personnes et aux moments correspondants.**

 1
 2
 3
 4

• Lin • Marco • Johan • Martha

• cet après-midi • cette semaine • demain matin • demain soir

**C. Retrouvez l'ordre du programme.**

la réunion / le spectacle / le départ des clients / la visite des boutiques / le déjeuner au restaurant

l'arrivée des clients →

# ENTRAÎNEMENT

## Manières de dire

**2.** 🎧 016 Écoutez les phrases et cochez la bonne réponse.

Ex. : Louis, qu'est-ce que tu proposes ?

|  | Ex. | a. | b. | c. | d. | e. | f. | g. | h. |
|---|---|---|---|---|---|---|---|---|---|
| Interroger sur des actions à réaliser | × | | | | | | | | |
| Répartir des tâches | | | | | | | | | |
| Indiquer des actions à réaliser | | | | | | | | | |
| Exprimer l'accord | | | | | | | | | |

## Vocabulaire

**3.** Les actions au travail

Associez l'action à la photo correspondante.

Ex. : faire une présentation : photo 4

a. compléter un dossier : photo ...........
b. fixer un rendez-vous : photo ...........
c. assister à une réunion : photo ...........
d. appeler une personne : photo ...........
e. envoyer un message : photo ...........
f. préparer un événement : photo ...........

1  2  3  4  5  6  7

**4.** Les moments de la journée et de la semaine / Les jours de la semaine

Lisez les phrases et cochez vrai ou faux.

Aujourd'hui c'est mardi.

|  | Vrai | Faux |
|---|---|---|
| Ex. : Je prépare le dossier mercredi. → Je prépare le dossier ce matin. | | × |
| a. Je contacte le client vendredi. → Je contacte le client cette semaine. | | |
| b. Je prépare la réunion mercredi. → Je prépare la réunion demain. | | |
| c. J'envoie le message jeudi. → J'envoie le message ce week-end. | | |
| d. J'assiste à une réunion cet après-midi. → J'assiste à une réunion aujourd'hui. | | |
| e. J'ai rendez-vous ce soir. → J'ai rendez-vous demain soir. | | |

## Grammaire

**5.** L'interrogation avec *Qu'est-ce que*, *Quel* et *Qui*

Complétez les questions avec *Qu'est-ce que*, *Quelle est*, *Quels sont* ou *Qui*.

Ex. : Qui mange au restaurant demain ?

a. ................................ téléphone au client ?
b. ................................ vous faites mercredi ?
c. ................................ l'adresse des clients ?
d. ................................ prépare la présentation ?
e. ................................ tu proposes pour le soir ?
f. ................................ les rendez-vous aujourd'hui ?

Séquence 5 — Planifier des actions

### 6. Le pronom *on*

**Transformez avec le pronom *on*.**

Nous devons organiser le défilé : Fabiola et moi, nous préparons la collection et nous contactons la presse. Nous faisons le diaporama et nous complétons le fichier Excel avec les adresses des partenaires. Nous faisons un message au traiteur pour l'apéritif et nous téléphonons au DJ. Qui fait l'annonce sur notre site Internet ?

**On doit** organiser le défilé : Fabiola et moi, on ........................................................................................................

........................................................................................................................................................................................

........................................................................................................................................................................................

## Conjugaison

### 7. Le futur proche

🎧 017 Écoutez et cochez les phrases au futur proche.

Ex. : Je vais fixer un rendez-vous cet après-midi.

|  | Ex. | a. | b. | c. | d. | e. | f. | g. | h. |
|---|---|---|---|---|---|---|---|---|---|
| Futur proche | × |  |  |  |  |  |  |  |  |

### 8. Les verbes *faire* et *devoir* au présent de l'indicatif

**Conjuguez les verbes dans les phrases suivantes.**

Ex. : Caroline *(devoir)* **doit** préparer la conférence.

a. Ils *(faire)* ........................... une présentation lundi.
b. Tu *(faire)* ........................... le programme.
c. Je *(devoir)* ........................... préparer le diaporama.
d. Nous *(devoir)* ........................... organiser une réunion.
e. Vous *(faire)* ........................... la liste des participants.
f. Elles *(devoir)* ........................... contacter les journalistes.

## Phonie-graphie

### Le son [a] comme *avocat* et le son [i] comme *directrice*

**9. A.** 🎧 018 Écoutez. Dans quelle syllabe vous entendez le son [a] ?

Ex. : C'est p**a**rfait !

|  | Ex. | 1. | 2. | 3. | 4. | 5. | 6. |
|---|---|---|---|---|---|---|---|
| 1re syllabe |  |  |  |  |  |  |  |
| 2e syllabe | × |  |  |  |  |  |  |
| 3e syllabe |  |  |  |  |  |  |  |

[a] 👄 = bouche très ouverte
[i] 👄 = bouche très souriante

**B.** 🎧 019 Écoutez et complétez les phrases avec les lettres *a* ou *i*.

Ex. : S_b_ne, vous _vez des _dées ? → S**a**bine, vous **a**vez des **i**dées ?

1. Tu v_s f_xer un rendez-vous _vec l_ gr_ph_ste.
2. Ce m_tin, j'_ss_ste au déf_lé.
3. Qu_ fait l'_nnonce sur notre s_te ?
4. S_med_, nous _llons _ppeler les cl_ents.
5. M_rd_, je cont_cte le serv_ce inform_t_que.
6. Cet _près-m_d_, vous prép_rez le mess_ge.

# SÉQUENCE 6 — Prendre une décision

**A1**

## COMPRÉHENSION ORALE

**1.** 🎧 020 Juan, Élodie et Alba cherchent un cadeau pour un anniversaire de mariage. Écoutez leur conversation et cochez la bonne réponse.

**a.** L'album photo coûte…
1. ☐ 16 €.
2. ☐ 56 €.
3. ☐ 60 €.

**b.** La nuit dans une cabane coûte…
1. ☐ 66 €.
2. ☐ 70 €.
3. ☐ 76 €.

**c.** Élodie … la proposition d'Alba.
1. ☐ adore
2. ☐ aime bien
3. ☐ n'aime pas

**d.** Le week-end au spa coûte…
1. ☐ 204 €.
2. ☐ 240 €.
3. ☐ 244 €.

**e.** Ils choisissent quels cadeaux ? (deux réponses)
1. ☐ L'album photo
2. ☐ Le week-end dans un spa
3. ☐ Une nuit dans une cabane

**f.** Ça fait combien par personne ?
1. ☐ 100 €
2. ☐ 105 €
3. ☐ 110 €

## ENTRAÎNEMENT

### Manières de dire

**2.** Mettez le dialogue dans l'ordre.

…1… Coucou ! C'est bientôt la fête des mères. Tu as une idée de cadeau pour Maman ?

…… J'aime bien ta proposition. On demande à Papa ?

…… Ah oui, c'est super ! Elle adore la danse classique. Tu sais combien coûtent les places ?

…… On peut acheter des places pour le ballet *Roméo et Juliette* ?

…… C'est environ 100 € par place.

…… D'accord… J'ai une autre proposition : un abonnement au théâtre. C'est environ 80 € l'année.

…7… Oui, on demande et on décide.

Séquence 6 — Prendre une décision

## Vocabulaire

### 3 Les nombres de 70 à 1 000

🎧 021 Écoutez et écrivez le prix des cadeaux en chiffres.

Ex. : un abonnement au club de théâtre : cinq cent quatre-vingt-huit euros → 588 €

a. un billet d'avion Paris-New York → ..............................
b. deux places de concert → ..............................
c. une initiation au parapente → ..............................
d. un week-end dans un château → ..............................
e. une journée au spa → ..............................
f. un dîner gastronomique à la tour Eiffel → ..............................

### 4 Les activités sportives / Les activités de loisirs

Mettez les lettres dans l'ordre pour retrouver l'activité.

Ex. :  IROV ENU CEDOMIE = Voir une comédie

a. AIFER ED AL SGMUQYTENAI  b. REIFA ED L'CESLEDAA  c. RALEL UA TRECNOC

d. LALRE UA RAUENSTTRA  e. VORI NEU CIEPE ED HEAETRT  f. RIVO NU LESPACTEC ED NADES

## Grammaire

### 5 Les adjectifs possessifs

🎧 022 Écoutez et écrivez les questions. Indiquez les possesseurs (plusieurs possibilités).

| Questions | Possesseurs |
| --- | --- |
| Ex. : Quel est son prénom ? | il ou elle |
| a. ................................................ ? | |
| b. ................................................ ? | |
| c. ................................................ ? | |
| d. ................................................ ? | |
| e. ................................................ ? | |
| f. ................................................ ? | |

Prendre une décision — Séquence 6 — A1

## 6 L'expression des goûts et des préférences / Les articles contractés *du, de la, de l'*

**Exprimez les goûts des personnes d'une manière différente.**

Ex. : Enzo n'aime pas le basket. → Enzo n'aime pas faire du basket.

a. Eduardo aime beaucoup faire du judo. → ...................................................................................................
b. Isabella adore le foot. → ...................................................................................................
c. Anya et Gilles aiment danser. → ...................................................................................................
d. Claire déteste le jogging. → ...................................................................................................
e. Tana aime faire de l'escalade. → ...................................................................................................
f. Christian aime bien le sport. → ...................................................................................................

## Conjugaison

## 7 Le verbe *pouvoir* au présent de l'indicatif

**Complétez les messages avec le verbe *pouvoir*.**

Ex. : Nous **pouvons** aller au musée samedi ?

a. Max et Carla ne ........................................ pas aller au concert. ☹
b. Tu ........................................ acheter le gâteau pour l'anniversaire d'Olivia, s'il te plaît ?
c. @Sophie et @Marion, vous ne ........................................ pas acheter les places parce que nous n'avons pas le budget.
d. – Bonne nouvelle ! Joseph ........................................ aller au cinéma avec nous.
   – Super ! On est 5, on ........................................ avoir un prix de groupe.
e. Désolé, je ne ........................................ pas aller au théâtre avec vous jeudi. Je travaille. ☹

## 8 Le verbe *savoir* au présent de l'indicatif

**Associez les sujets à chaque fin de phrase (plusieurs possibilités).**

a. Je
b. Tu
c. Il / Elle / On
d. Nous
e. Vous
f. Ils / Elles

1. savons danser.
2. savent faire de l'escalade.
3. sais compter en français.
4. ne sais pas.
5. sait parler français.
6. savez combien coûtent les places ?

## Phonie-graphie

### Le son [o] comme *zéro*

**9 A.** 🎧 023 Écoutez. Dans quel mot entendez-vous le son [o] ?

Ex. : seau / son

|  | Ex. | 1. | 2. | 3. | 4. | 5. | 6. |
|---|---|---|---|---|---|---|---|
| 1ᵉʳ mot | X |  |  |  |  |  |  |
| 2ᵉ mot |  |  |  |  |  |  |  |

[o] • = bouche arrondie et fermée

On peut écrire le son [o] de différentes manières.

**B.** 🎧 024 Écoutez et soulignez quand vous entendez le son [o]. Répétez.

Ex. : Quelles sont v**o**s idées ?

1. Ils font déjà du judo.
2. Bientôt au théâtre !
3. Ça coûte quatre euros.
4. Nous avons un message audio.
5. J'ai une autre proposition.
6. Elle utilise beaucoup son sac à dos.

# Bilan 2

## Structures de la langue

**Cochez la bonne réponse.**

1. Quel est votre mode de déplacement ?
a. ☐ J'ai un train.
b. ☐ J'aime le train.
c. ☐ Je prends le train.
d. ☐ Je dors dans le train.

2. Quel est ... âge ?
a. ☐ ta
b. ☐ sa
c. ☐ ton
d. ☐ ses

3. ... sont vos voitures préférées ?
a. ☐ Quel
b. ☐ Quels
c. ☐ Quelle
d. ☐ Quelles

4. Tu ne ... pas le métro ?
a. ☐ prends
b. ☐ prend
c. ☐ prenez
d. ☐ prennent

5. ...-vous le bus ?
a. ☐ Prends
b. ☐ Prend
c. ☐ Prenez
d. ☐ Prennent

6. Qu'est-ce qu'il fait ?
a. ☐ Il dort.
b. ☐ Il joue.
c. ☐ Il traite ses mails.
d. ☐ Il écoute de la musique.

7. Qu'est-ce qu'on... ?
a. ☐ fais
b. ☐ fait
c. ☐ faisons
d. ☐ font

8. Tu ... envoyer le mail ?
a. ☐ ai
b. ☐ as
c. ☐ vais
d. ☐ vas

9. Ils ... aller à la réunion.
a. ☐ dois
b. ☐ doit
c. ☐ devons
d. ☐ doivent

10. Vous ... le diaporama.
a. ☐ fais
b. ☐ fait
c. ☐ faites
d. ☐ font

11. Toi et ... amie, vous êtes sympathiques.
a. ☐ tu
b. ☐ ta
c. ☐ toi
d. ☐ ton

12. Ils détestent ... chocolat.
a. ☐ ∅ (pas d'article)
b. ☐ le
c. ☐ la
d. ☐ des

13. Vous faites ... danse classique ?
a. ☐ ∅ (pas d'article)
b. ☐ la
c. ☐ du
d. ☐ de la

14. Tu ... envoyer le mail s'il te plaît ?
a. ☐ peux
b. ☐ peut
c. ☐ pouvez
d. ☐ peuvent

15. On ne ... pas.
a. ☐ sais
b. ☐ sait
c. ☐ savons
d. ☐ savent

Mon score ........ /15

# Bilan 2 — A1

## Compréhension orale

🎧 025 Écoutez l'échange et corrigez les quatre erreurs dans le catalogue des vacances.

| | DURÉE | PRIX | AVEC | NOMBRE DE PERSONNES |
|---|---|---|---|---|
| Proposition 1 : Voyage en République dominicaine | 5 jours | 1 000 € | avion - hôtel | 2 |
| Proposition 2 : Île d'Oléron | un week-end | 100 € | train - hôtel | 1 |
| Proposition 3 : Disneyland | une journée | environ 120 € | X | 2 |
| Proposition 4 : Châteaux de la Loire | une journée | 98 € | déplacement en bus - pique-nique | 1 |

Mon score ........ /5

## Compréhension écrite

Lisez le mémo et répondez aux questions des collègues de Martina Randolph. Cochez la bonne réponse.

**Mémo**

**Compte-rendu :** préparation soirée de Noël        **Date :** lundi 15 novembre
**Participants :** Zélia Ming (ZM), Goya Konca (GK), Sedat Volciuc (SV), Yao Yu (YY) et moi, Martina Randolph (MR).
**Absent :** Furkan Ozer (FO)

**Programme de la soirée de Noël :**
→ buffet
→ spectacle pour les enfants
→ distribution des cadeaux de Noël pour les enfants
→ soirée karaoké

**Préparation de la soirée de Noël :**

| LES ACTIONS | LES RESPONSABLES |
|---|---|
| Préparer un fichier Excel avec les âges des enfants | ZM et FO |
| Acheter les cadeaux de Noël pour les enfants | YY et MR |
| Contacter l'agence de comédiens (Père Noël) | SV |
| Préparer la liste des chansons pour le karaoké | ZM, GK et SV |
| Faire le menu pour le buffet | ZM et MR |
| Contacter le traiteur pour le buffet | YY |
| Envoyer le mail d'invitation | ZM |

**1. Furkan :** Qui prépare le fichier Excel ?
a. ☐ Toi   b. ☐ Zélia et toi   c. ☐ Les enfants

**2. Sedat :** Qu'est-ce que je dois faire ?
a. ☐ Tu prépares le karaoké et tu fais le menu du buffet.
b. ☐ Tu contactes l'agence de comédiens et tu envoies l'invitation.
c. ☐ Tu contactes l'agence de comédiens et tu prépares le karaoké.

**3. Yao :** Qui achète les cadeaux ? C'est toi Martina ?
a. ☐ Oui, c'est moi.
b. ☐ Oui, c'est toi et moi.
c. ☐ Non, ce n'est pas moi.

**4. Zélia :** Martina, qu'est-ce que je fais avec toi ?
a. ☐ On achète les cadeaux.
b. ☐ On envoie le mail d'invitation.
c. ☐ On prépare le menu du buffet.

**5. Goya :** Zélia, prépares-tu les chansons avec moi ?
a. ☐ Non. Je ne prépare pas le karaoké.
b. ☐ Oui. Toi et moi, on prépare le karaoké.
c. ☐ Oui. Toi, moi et Sedat, on prépare le karaoké.

Mon score ........ /5

# SÉQUENCE 7 — Décrire un espace de travail

## COMPRÉHENSION ÉCRITE

**1** Lisez l'annonce et cochez la bonne réponse.

a. Je peux faire une visioconférence dans un endroit isolé.
1. ☐ Vrai   2. ☐ Faux

b. Je peux organiser une conférence avec 30 personnes.
1. ☐ Vrai   2. ☐ Faux

c. Je peux travailler avant mon voyage.
1. ☐ Vrai   2. ☐ Faux

d. Je peux rencontrer un client.
1. ☐ Vrai   2. ☐ Faux

e. Je peux prendre un repas.
1. ☐ Vrai   2. ☐ Faux

f. Je dois payer pour un mois.
1. ☐ Vrai   2. ☐ Faux

## ENTRAÎNEMENT

### Manières de dire

**2** Complétez les dialogues avec les phrases suivantes.

a. C'est noté !
b. Oui, il fait 50 m².
c. C'est une excellente idée !
d. Qu'est-ce que je peux faire pour vous ?
e. ~~J'ai besoin d'informations pour mon dossier.~~
f. Il n'y a pas de téléphone dans la salle de réunion ?
g. Je comprends. On va demander des bureaux individuels.

Ex. : – e. J'ai besoin d'informations pour mon dossier.
   – Demandez à Madame Clarke.

1. – ................................................................
   – Je cherche une solution pour installer un grand écran.

2. – Votre bureau est grand ?
   – ..................................................................................................................................................

3. – Nous ne pouvons pas travailler dans l'espace collaboratif !
   – ..................................................................................................................................................

4. – Je voudrais modifier mon bureau.
   – ..................................................................................................................................................

5. – Nous avons besoin de 30 ordinateurs pour jeudi.
   – ..................................................................................................................................................

6. – ..................................................................................................................................................
   – Non. On va aller dans mon bureau.

# Vocabulaire

## 3 Les espaces au travail

**Complétez pour retrouver le vocabulaire des espaces au travail.**

Ex. : un b__ __ = un box

a. un espace co__la__or__tif

b. un __ure__u partagé

c. une s__l__e de repos

d. une __ab__n__ téléphonique

e. un es__a__e de travail

f. un __o__ __e de travail

# Grammaire

## 4 L'accord des adjectifs qualificatifs

🎧 026 **Écoutez. L'adjectif est masculin, féminin ou les deux ? Cochez.**

Ex. : vieille

|  | Ex. | a. | b. | c. | d. | e. | f. | g. |
|---|---|---|---|---|---|---|---|---|
| Masculin |  |  |  |  |  |  |  |  |
| Féminin | × |  |  |  |  |  |  |  |
| Les deux |  |  |  |  |  |  |  |  |

## 5 La place des adjectifs qualificatifs

**Placez les adjectifs au bon endroit et faites l'accord si nécessaire.**

Ex. : grand / une table → une grande table

a. moderne / des tableaux → ..................................................................

b. bon / une connexion → ..................................................................

c. fixe / un téléphone → ..................................................................

d. récent / un ordinateur → ..................................................................

e. gros / trois dossiers → ..................................................................

f. beau / une plante → ..................................................................

g. vieux / une affiche → ..................................................................

## Séquence 7 — Décrire un espace de travail

### 6 L'expression impersonnelle *Il y a / Il n'y a pas de*

**Complétez le compte-rendu avec *un*, *une*, *des*, *de*, *d'*.**

> **COMPTE-RENDU DE VISITE**
>
> La salle de réunion est petite, mais lumineuse. Il y a une grande fenêtre. Il y a ............. table avec ............. chaises. Il y a ............. écran, mais il n'y a pas ............. vidéoprojecteur. Il y a ............. petit bureau, mais il n'y a pas ............. ordinateur.
> La décoration est simple. Il n'y a pas ............. plante et il n'y a pas ............. affiche sur les murs.

### 7 Les trois formes de l'interrogation fermée

**Transformez les questions à la forme indiquée.**

Ex. : Vous travaillez chez Topespaces ? → (forme formelle) Est-ce que vous travaillez chez Topespaces ?

a. Vous avez un bureau individuel ? → (forme formelle) .................
b. Vous voulez appeler l'architecte ? → (forme standard) .................
c. Vous pouvez téléphoner dans votre bureau ? → (forme formelle) .................
d. Vous savez utiliser les machines ? → (forme standard) .................
e. Vous allez visiter la salle de repos ? → (forme formelle) .................
f. Vous êtes d'accord avec Madame Rama ? → (forme standard) .................

## Conjugaison

### 8 Le verbe *vouloir* au présent de l'indicatif

**Remplacez *vouloir* par *pouvoir* et *pouvoir* par *vouloir*.**

Ex. : Je peux modifier les textes. → Je veux modifier les textes.

a. Gina et Fabrice peuvent aller dans la salle de réunion. → .................
b. Le directeur peut rencontrer Madame Berger. → .................
c. Tu veux changer de bureau ? → .................
d. Nous voulons demander une salle de repos. → .................
e. Je peux aller dans le box. → .................
f. Vous pouvez utiliser la cabine téléphonique ? → .................

## Phonie-graphie

### Les graphies du son [e] comme *réunion*

**9 A.** 🎧 027 Écoutez et complétez les mots avec *é*, *ée*, *ez*, *er*.

Ex. : Tu peux ferm......... le bureau ? → Tu peux fermer le bureau ?

a. Je veux modifi......... l'espace de travail.
b. C'est not......... !
c. C'est une bonne id......... !
d. Est-ce que vous av......... une solution ?
e. Je voudrais un bureau priv......... .
f. Les personnes peuvent téléphon......... .
g. La salle de réunion est ferm......... .
h. Vous voul......... des cabines ?

**B. Répétez.**

## SÉQUENCE 8 — Donner des instructions

**A1**

### COMPRÉHENSION ORALE

**1.** 🎧 028 Leila, Eddy et Samantha participent à une réunion marketing. Écoutez leur conversation puis cochez ou écrivez la bonne réponse.

**a.** Eddy doit...
1. ☐ répondre à des messages.
2. ☐ organiser la visite de l'atelier.
3. ☐ réserver des chambres à l'hôtel.

**b.** Qui accompagne Leila en déplacement ?
1. ☐ Eddy
2. ☐ Thierry
3. ☐ Samantha

**c.** Leila voudrait un rendez-vous avec Madame Letai...
1. ☐ mardi matin.
2. ☐ mercredi après-midi.
3. ☐ jeudi matin.

**d.** Pourquoi Samantha ne peut pas faire de point après-demain ?
...................................................................................

**e.** Quelles images correspondent à la situation ?

1. ☐

2. ☐

3. ☐

4. ☐

5. ☐

6. ☐

### ENTRAÎNEMENT

#### Manières de dire

**2.** 🎧 029 Écoutez les phrases et cochez la bonne réponse.

Ex. : Je ne viens pas au bureau demain parce que je suis en formation.

|  | Ex. | a. | b. | c. | d. | e. | f. |
|---|---|---|---|---|---|---|---|
| Indiquer la raison d'une situation ou d'une action | ✗ | | | | | | |
| Donner des instructions | | | | | | | |
| Indiquer un objectif | | | | | | | |

# Séquence 8 — Donner des instructions

## 3
**A. Associez pour saluer et prendre congé.**

1. À    2. Bon    3. Bien    4. Cher    5. Chers    6. Bonne    7. Chères    8. Bonjour

a. à vous    b. Marie et Sylvie,    c. à tous    d. journée    e. Monsieur,    f. plus tard    g. week-end    h. collègues,

**B. Classez les expressions de l'activité A dans le tableau.**

| Saluer | |
|---|---|
| Prendre congé | À plus tard. |

# Vocabulaire

## 4 Les actions au travail
**Entourez la bonne réponse.**

Ex. : Je contacte une collection / (personne) / réunion.

a. Je rencontre des clients / visites / ateliers.
b. Je prépare un service / client / déplacement.
c. J'organise une information / personne / réunion.
d. Je travaille avec une personne / collection / réunion.
e. Je visite un déplacement / atelier / diaporama.
f. Je présente une collection / visite / chambre.

## 5 Les moments
**Complétez le mail avec : demain, tard, après-demain, 27 et 28 mars, matin, après-midi, tôt.**

Bonjour Simon,
Avec Marc, nous sommes absents demain parce que nous avons un déplacement. Le ............................ , nous arrivons à 9 heures et nous visitons les ateliers. L'............................ nous avons une réunion avec les clients. Nous rentrons ............................ dans la soirée, à 22 heures. Pouvez-vous organiser la présentation de la collection, les ............................ s'il vous plaît ? Fixez un rendez-vous avec le service communication ............................ dans la matinée, mais pas trop ............................ .
Merci.

# Grammaire

## 6 Les pronoms toniques
**Entourez le pronom tonique correct dans les dialogues.**

Ex. : – Sabine, tu viens avec nous à la réunion demain ?
     – Non, désolée, je ne viens pas avec (vous) / nous, j'ai un rendez-vous.

a. – Ce dossier est à toi, Marc ?
   – Oui merci, il est à lui / moi.
b. – Je vous présente mes collègues, Tom et Leila.
   Je visite l'atelier avec elle / eux cet après-midi.
c. – Pouvez-vous contacter la cliente pour demain ?
   – Oui, je fixe un rendez-vous avec elle / lui à 15 h 30.
d. – Qui présente la collection ? C'est lui / toi Sam ?
   – Oui, c'est moi.
e. – Je travaille pour M. Chabib.
   – Ah ! Vous recrutez des commerciaux pour elle / lui ?
f. – Bonjour Madame Leroi, vous allez bien ?
   – Oui très bien merci, et nous / vous ?

Donner des instructions  Séquence 8  A1

## 7. L'expression de la cause / L'expression du but

**Complétez les messages avec *pourquoi*, *parce que* ou *pour*.**

Estelle :
@Lucy, pourquoi es-tu absente demain ?

Lucy :
……………… je dois aller à Lyon ……………… visiter l'atelier Textech.

Estelle :
Ah d'accord. Tu rentres jeudi soir ?

Lucy :
Non, je rentre jeudi matin ……………… j'ai une réunion importante l'après-midi. ……………… tu veux savoir ?

Estelle :
……………… nous devons rencontrer Madame Cho ……………… préparer la présentation aux clients.

## Conjugaison

### 8. L'impératif des verbes

**Conjuguez les verbes aux personnes et aux temps indiqués.**

| | Présent de l'indicatif | Présent de l'impératif |
|---|---|---|
| Ex. : contacter *(vous)* vos partenaires financiers | Vous contactez… | Contactez… |
| a. faire *(tu)* la présentation de la collection | | |
| b. ne pas oublier *(nous)* de déplacer le rendez-vous | | |
| c. lire *(nous)* le dossier du service marketing | | |
| d. prendre *(vous)* votre voiture | | |
| e. organiser *(tu)* la réunion de jeudi | | |

### 9. Le verbe *lire* au présent de l'indicatif

**Reliez les dominos (plusieurs possibilités).**

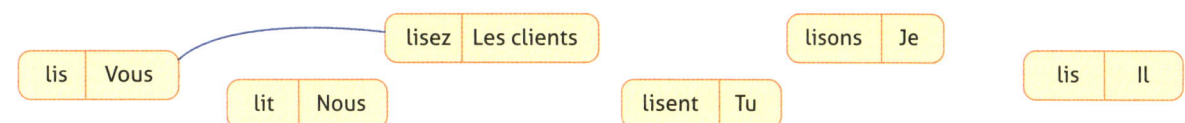

## Phonie-graphie

### La terminaison des verbes en -*er*

**10. A.** 🎧 030 **Écoutez et entourez le mot entendu. Écrivez le nombre de syllabes.**

Ex. : (Contacte) / Contactez → 2 syllabes

1. Appelle / Appelez ………………
2. Organise / Organisez ………………
3. Visite / Visitez ………………
4. Aie / Ayez ………………
5. N'oublie pas / N'oubliez pas ………………
6. Réserve / Réservez ………………

**B.** 🎧 031 **Écoutez et complétez la terminaison des verbes avec *e* ou *ez*.**

Ex. : Prépar……… le dossier → Prépare le dossier.

1. Rencontr……… les clients.
2. Not……… les informations.
3. Illustr……… le diaporama.
4. Demand……… les contrats.
5. Travaill……… avec le service client.
6. Assist……… à la réunion.

# SÉQUENCE 9 — Commander un repas

## COMPRÉHENSION ÉCRITE

**1** Lisez la conversation WhatsApp de la famille et cochez la bonne réponse.

**a.** Le père commande des entrées.
1. ☐ Vrai
2. ☐ Faux

**b.** Le père commande … pizzas.
1. ☐ deux
2. ☐ trois
3. ☐ quatre

**c.** Combien de pizzas ont des suppléments ?
1. ☐ Une
2. ☐ Deux
3. ☐ Trois
4. ☐ Quatre

**d.** Le père commande … boissons.
1. ☐ trois
2. ☐ quatre
3. ☐ cinq

**e.** Le père commande deux desserts.
1. ☐ Vrai
2. ☐ Faux

## ENTRAÎNEMENT

### Manières de dire

**2** Complétez la conversation entre le serveur et le client avec : ~~en entrée~~ / en plat principal / en dessert / et pour les boissons / j'ajoute / je vais prendre / je voudrais (plusieurs possibilités).

– Bonjour Monsieur, vous désirez ?
– Bonjour. En entrée, ........................................ la salade de tomates.
– Oui, et ........................................ ?
– ........................................ les pâtes aux champignons s'il vous plaît.
  Et ........................, une mousse au chocolat.
– ........................................ ?
– Un verre de vin. Oh, et ........................................ une bouteille d'eau !
– C'est noté !

# Vocabulaire

## 3 Les aliments et les boissons

Associez le nom de l'aliment ou de la boisson à la photo correspondante.

1. le poulet
2. les haricots verts
3. un concombre
4. une tomate
5. un ananas

A  B  C  D  E  F  G  H  I  J

6. le jus d'orange
7. la semoule
8. le saumon
9. l'huile
10. les pommes de terre

## 4 La préposition *à* et *de*

Entourez la préposition correcte.

Ex. : une tarte à la / au / (aux) pommes

a. une salade à la / au / de thon
b. une glace à la / au / aux fraise
c. des pâtes à la / au / de fromage
d. une omelette à la / au / aux légumes
e. une soupe à la / au / à l'oignon
f. un sandwich à la / au / de poulet

## 5 L'expression d'une quantité

Écrivez le contenant et l'aliment ou la boisson.

Ex. :  une tasse de thé

a. ..................  b. ..................  c. ..................  d. ..................

e. ..................  f. ..................  g. ..................

## 6 Les partitifs

Complétez les ingrédients des recettes avec *du, de la, de l'* ou *des*.

**POUR LES MAKIS :**
Ex. : du riz
............ thon
............ saumon
............ algues
............ avocat

**POUR LES CRÊPES :**
............ farine (f.)
............ lait
............ sucre (m.)
............ l'huile
............ œufs

Séquence 9 — Commander un repas

### 7 Synthèse *un, une / du, de la, de l', des / le, la, l', les*

**Entourez l'article correct.**

Ex. : J'aime du / **le** fromage, je mange **du** / le fromage le matin et le midi.

a. – Le matin, je bois de l'/ l' eau. Et toi ?
   – Moi je préfère boire du / le thé. Je n'aime pas le / du café.

b. – Je mange des / les légumes tous les jours.
   – Moi je déteste des / les légumes !

c. – À la fin du repas, je mange du / un / le fruit.
   – Moi aussi, je mange de la / une / la banane.

d. – J'adore la / de la tarte aux pommes.
   – Moi aussi, avec la / de la glace et un / le café.

## Conjugaison

### 8 Le verbe *boire* au présent

**Retrouvez la conjugaison du verbe *boire* au présent (pronom et verbe), puis écrivez les formes trouvées.**

| U | E | N | Z | L | E | N | I | N | T | N | D | N | Ç | H |
|---|---|---|---|---|---|---|---|---|---|---|---|---|---|---|
| L | F | Y | Q | Z | L | U | R | L | L | H | S | S | M | T |
| D | Q | R | T | B | F | M | N | H | B | N | S | A | E | C |
| X | T | U | K | N | Z | E | X | O | O | O | L | J | L | L |
| T | Z | Ç | S | I | F | C | Ç | V | B | R | I | A | L | D |
| W | L | M | O | I | Y | Q | U | U | E | O | G | T | E | F |
| R | Q | V | R | B | L | B | G | R | E | B | W | S | S | V |
| J | F | K | O | I | S | C | A | G | Ç | E | D | Z | B | U |
| B | Ç | X | Q | U | B | O | U | P | N | Ç | I | B | O | E |
| Y | N | I | O | A | S | S | O | L | V | Ç | T | F | I | B |
| B | F | N | Z | I | G | B | K | U | Y | D | C | I | V | W |
| A | T | U | B | O | I | S | U | X | J | M | Y | A | E | S |
| I | L | K | O | Ç | S | M | F | V | W | H | T | Y | N | I |
| **J** | **E** | **B** | **O** | **I** | **S** | P | C | V | E | S | L | C | T | W |
| X | Z | W | R | P | Ç | G | K | V | D | Z | W | N | F | I |

Ex. : Je bois.

..................................................

..................................................

..................................................

..................................................

## Phonie-graphie

### Les graphies des sons [ã] comme *manger* et [õ] comme *poisson*

**9** 🎧 032 Écoutez et complétez avec *an* ou *am* et *on* ou *om*.

Ex. : la c**om**positi**on**

a. des ch.........pign.........s
b. une boiss.........
c. une or.........ge
d. un c.........c.........bre

e. c.........ptable
f. des citr.........s
g. des fr.........boises
h. du saum.........

> On écrit *am* ou *om* devant les lettres *m*, *b* et *p*.
> Exemple : la composition [kɔ̃pozisjɔ̃]

# Bilan 3

**A1**

## Structures de la langue

**Cochez la bonne réponse.**

**1.** Je vous présente mon ... stagiaire.
a. ☐ nouveau
b. ☐ nouvelle
c. ☐ nouveaux
d. ☐ nouvelles

**2.** Je connais bien les architectes de Topespaces, je travaille avec…
a. ☐ lui.
b. ☐ elle.
c. ☐ nous.
d. ☐ eux.

**3.** Vous … du café ?
a. ☐ bois
b. ☐ buvons
c. ☐ buvez
d. ☐ boivent

**4.** – … vous voulez un bureau individuel ?
– Non, je préfère un espace ouvert.
a. ☐ Qui
b. ☐ Quel
c. ☐ Est-ce que
d. ☐ Qu'est-ce que

**5.** … deux places pour le spectacle, s'il te plaît.
a. ☐ Réserve
b. ☐ Réserves
c. ☐ Réservez
d. ☐ Réservent

**6.** Il doit acheter des…
a. ☐ oignons.
b. ☐ tomates.
c. ☐ concombres.
d. ☐ champignons.

**7.** Dans mon entreprise, il n'y a pas … salle de repos.
a. ☐ d'
b. ☐ de
c. ☐ du
d. ☐ des

**8.** – … nous commandons ces produits ?
– Parce que les prix sont raisonnables.
a. ☐ Qui
b. ☐ Quand
c. ☐ Pourquoi
d. ☐ Est-ce que

**9.** Le midi, je bois … vin.
a. ☐ d'
b. ☐ de
c. ☐ du
d. ☐ des

**10.** J'aime cette … cabine…
a. ☐ petit / individuel.
b. ☐ individuel / petit.
c. ☐ petite / individuelle.
d. ☐ individuelle / petite.

**11.** Je vais prendre … de glace.
a. ☐ un bol
b. ☐ une tasse
c. ☐ une coupe
d. ☐ une canette

**12.** Claire et Laurie … visiter l'atelier.
a. ☐ veux
b. ☐ veut
c. ☐ voulons
d. ☐ veulent

**13.** Je … le directeur du magasin.
a. ☐ contacte
b. ☐ présente
c. ☐ rencontre
d. ☐ recherche

**14.** Je vais prendre la salade … riz.
a. ☐ du
b. ☐ de
c. ☐ au
d. ☐ aux

**15.** Organisez la visite … rencontrer les clients.
a. ☐ à
b. ☐ en
c. ☐ pour
d. ☐ parce que

Mon score ........ /15

# Bilan 3

## Compréhension orale

**1.** 🎧 033 Écoutez les questions et les quatre propositions. Cochez la bonne réponse.

| | 1. | 2. | 3. | 4. |
|---|---|---|---|---|
| a. | | | | |

| | 1. | 2. | 3. | 4. |
|---|---|---|---|---|
| b. | | | | |

| | 1. | 2. | 3. | 4. |
|---|---|---|---|---|
| c. | | | | |

**2.** 🎧 034 Écoutez et cochez les images qui correspondent aux instructions. (3 réponses)

a. ☐   b. ☐   c. ☐   d. ☐   e. ☐

**Mon score ........ /5**

## Compréhension écrite

**Lisez le mail et cochez la bonne réponse.**

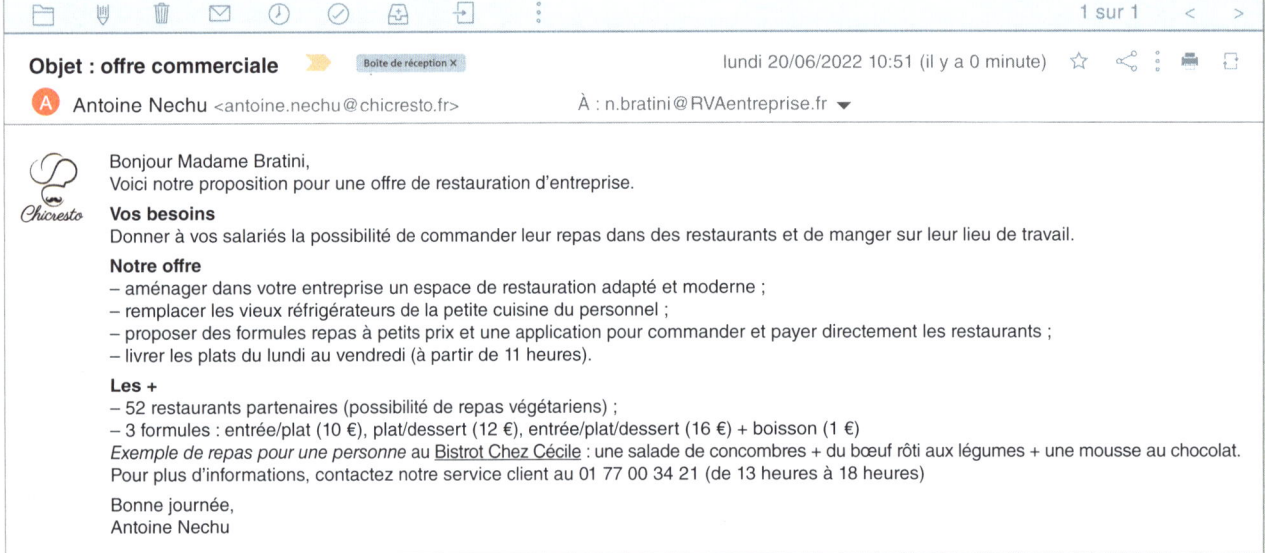

**1.** Dans l'entreprise de Madame Bratini, il y a…
a. ☐ une cuisine.
b. ☐ un espace de restauration.
c. ☐ des nouveaux réfrigérateurs.

**2.** Chicresto propose…
a. ☐ une offre unique de plats végétariens.
b. ☐ un nouveau restaurant dans l'entreprise.
c. ☐ des réductions dans les restaurants de la ville.

**3.** Les salariés peuvent commander…
a. ☐ une salade de concombres.
b. ☐ du bœuf aux légumes et une mousse au chocolat.
c. ☐ une salade de concombres et une mousse au chocolat.

**4.** Qu'est-ce que les salariés peuvent manger au Bistrot Chez Cécile ?

a. ☐   b. ☐   c. ☐

**5.** Madame Bratini peut appeler l'entreprise Chicresto…
a. ☐ le matin.
b. ☐ l'après-midi.
c. ☐ le soir.

**Mon score ........ /5**

# SÉQUENCE 10 — Régler des problèmes

A1

## COMPRÉHENSION ORALE

**1** 🎧 035 Écoutez le micro-trottoir sur la protection de l'environnement. Associez les dialogues aux illustrations.

Dialogue ..........

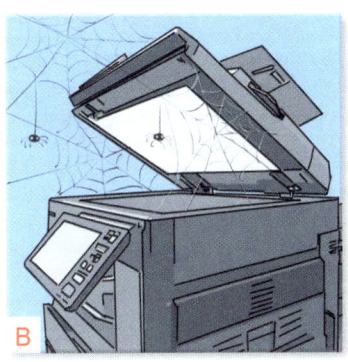

Dialogue ..........

Dialogue ..........

Dialogue ..........

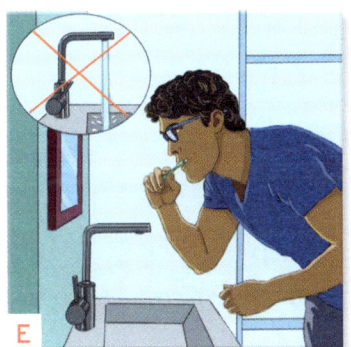

Dialogue ..........

Dialogue ..........

## ENTRAÎNEMENT

### Manières de dire

**2** Regardez la photo et cochez les phrases du médecin.
a. ☐ Il faut éviter d'utiliser de l'énergie.
b. ☒ Le soir, il faut limiter les écrans.
c. ☐ Éteignez la lumière quand vous sortez.
d. ☐ Vous passez trop de temps sur vos écrans.
e. ☐ Il ne faut pas multiplier le nombre de mails.
f. ☐ Vous consommez beaucoup trop d'électricité !
g. ☐ Attention ! Les écrans produisent beaucoup de lumière bleue.
h. ☐ Il faut faire des pauses quand vous travaillez sur ordinateur.

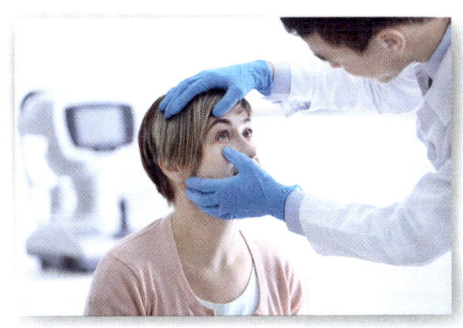

trente-sept | 37

# Séquence 10 — Régler des problèmes

## Vocabulaire

### 3. La vaisselle

**Associez les actions à la vaisselle correspondante (plusieurs possibilités).**

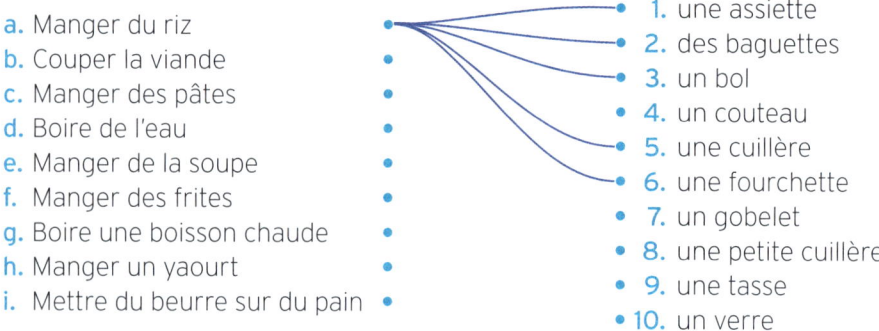

a. Manger du riz
b. Couper la viande
c. Manger des pâtes
d. Boire de l'eau
e. Manger de la soupe
f. Manger des frites
g. Boire une boisson chaude
h. Manger un yaourt
i. Mettre du beurre sur du pain

1. une assiette
2. des baguettes
3. un bol
4. un couteau
5. une cuillère
6. une fourchette
7. un gobelet
8. une petite cuillère
9. une tasse
10. un verre

### 4. Les actions au travail

**Barrez l'intrus.**

Ex. : envoyer : une lettre • un document • ~~un tchat~~

a. **allumer** : un ordinateur • un dossier • un téléphone
b. **photocopier** : un document • une lettre • un diaporama
c. **imprimer** : une photocopie • une photo • un document
d. **partager** : une photocopie • un dossier • un fichier
e. **supprimer** : un message • une photo • un ordinateur
f. **éteindre** : un ordinateur • une présentation • une lampe

## Grammaire

### 5. Les quantitatifs *peu*, *beaucoup* et *trop*

**Apportez des précisions avec :** *peu* (-), *beaucoup* (+), *trop* (++) *beaucoup trop* (+++).

Ex. : Je bois du café. (+) → Je bois beaucoup de café.

a. Au bureau, nous consommons de l'énergie. (+++) → ..................
b. L'entreprise recrute des stagiaires. (+) → ..................
c. Nous avons des clients à l'étranger. (-) → ..................
d. Il y a du bruit dans le bureau partagé. (++) → ..................
e. J'ai du travail cette semaine. (+++) → ..................

### 6. La forme négative *ne ... pas / ne ... pas de/d'*

**Transformez les phrases à la forme négative.**

Nous sommes un restaurant responsable.

Ex. : Nous faisons des stocks. → Nous ne faisons pas de stocks.

a. Nous utilisons nos voitures pour les livraisons. → ..................
b. Nous achetons des aliments exotiques. → ..................
c. Nous utilisons de la vaisselle en plastique. → ..................
d. Nous jetons les produits non consommés. → ..................
e. Nous imprimons l'addition. → ..................

Régler des problèmes   Séquence 10   A1

## 7 L'expression impersonnelle *Il faut*

**Transformez les instructions en recommandations générales. Utilisez *Il faut* ou *Il ne faut pas*.**

Ex. : Respectons l'environnement. → Il faut respecter l'environnement.

a. Lisons les documents sur nos ordinateurs. → ...................................................................................
b. Ne conduisons pas vite. → ...................................................................................
c. Ne détruisons pas la nature. → ...................................................................................
d. Faisons attention à notre consommation d'eau. → ...................................................................................
e. Buvons dans des verres. → ...................................................................................
f. Ne prenons pas notre voiture quand c'est possible. → ...................................................................................

### Conjugaison

## 8 Les verbes *produire, traduire, lire, sortir, partir* et *venir*

**Conjuguez les verbes entre parenthèses dans ce tchat.**

Tu ne *(partir)* **pars** pas en déplacement finalement ?

Non. Et j'ai beaucoup de travail aujourd'hui. 😊 Je *(sortir)* ........................ d'une réunion de deux heures avec Sylvie. On a un problème avec un client. Cet après-midi nous *(lire)* ........................ le dossier juridique pour trouver des solutions.

Moi ce matin, je *(traduire)* ........................ le contrat pour nos nouveaux fournisseurs allemands. Ils *(venir)* ........................ demain pour une réunion de travail.

Ils *(produire)* ........................ quoi ?

Des boîtes en inox. C'est intéressant pour remplacer le plastique.

### Phonie-graphie

**Les sons [ l ] comme *collègue* et [ R ] comme *entreprise***

## 9 A. 🎧 036 Écoutez. Vous entendez le son [ l ] ou le son [ R ] ? Cochez.

Ex. : verres

|           | Ex. | 1. | 2. | 3. | 4. | 5. | 6. |
|-----------|-----|----|----|----|----|----|----|
| Le son [ l ] |     |    |    |    |    |    |    |
| Le son [ R ] | X   |    |    |    |    |    |    |

B. 🎧 037 Écoutez et complétez avec les lettres *r* ou *l*.

Ex. : Je supp__ime les mai__s inuti__es. → Je supprime les mails inutiles.

1. Je n'uti__ise pas de gobe__ets jetab__es. Je p__éfè__e les p__oduits réutilisab__es.
2. Il ne faut pas fai__e t__op d'imp__essions au bu__eau.
3. Le mét__o est un mode de dép__acement éco__ogique.
4. Il faut éteind__e les imp__imantes et la __umière quand on pa__t.
5. Nous p__enons les t__ansports en commun pour __imiter les t__ajets individue__s.

# SÉQUENCE 11 — Participer à une réunion

## COMPRÉHENSION ÉCRITE

**1** Lisez la synthèse du point mensuel et cochez la bonne réponse.

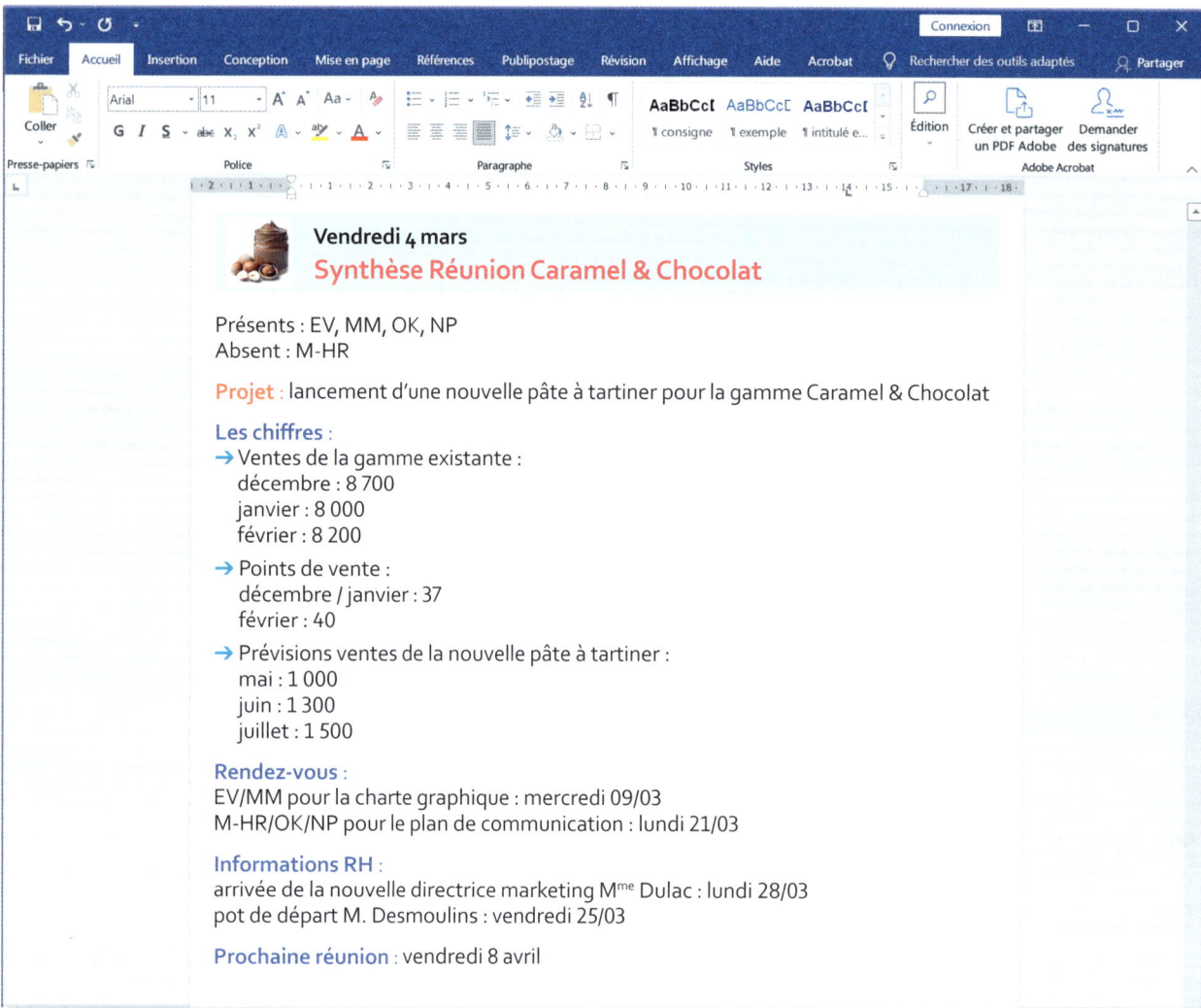

a. Entre décembre et janvier, le nombre de ventes…
1. ☐ diminue.
2. ☐ est stable.
3. ☐ augmente.

b. Entre décembre et février, le nombre de points de vente…
1. ☐ diminue.
2. ☐ est stable.
3. ☐ augmente.

c. Marie-Hélène Ridan et Olivier Kurkdjian travaillent ensemble sur la charte graphique.
1. ☐ Vrai    2. ☐ Faux

d. Nicolo Pesco travaille sur le plan de communication.
1. ☐ Vrai    2. ☐ Faux

e. L'équipe se retrouve dans un mois pour une nouvelle réunion.
1. ☐ Vrai    2. ☐ Faux

# ENTRAÎNEMENT

## Manières de dire

**2** Complétez les dialogues avec : Nous sommes à 2 % / C'est madame Jha / Quand est-ce que vous vous voyez / Il va travailler où / Le nombre de clients diminue / C'est notre nouvelle directrice commerciale / Il arrive quand / Vous vous retrouvez où.

Ex. : – Il va travailler où ?
– Au service marketing.

a. – ..................................................................... ?
– Elle et moi, on se rencontre cette semaine.

b. – ..................................................................... ?
– Demain.

c. – ..................................................................... ?
– À l'agence de publicité.

d. – Est-ce que les achats augmentent ?
– Non. .....................................................................

e. – Quelle est notre part de marché ?
– .....................................................................

f. – Qui est-ce ?
– .....................................................................
– Quelle est sa fonction ?
– .....................................................................

## Vocabulaire

**3** Les rencontres

Associez les expressions des rencontres à leur définition.

a. faire une réunion d'équipe • • 1. voir une/des personne(s) pour une réunion ou un événement
b. faire un point • • 2. se donner rendez-vous
c. se rencontrer • • 3. collaborer
d. se retrouver • • 4. organiser un rendez-vous avec plusieurs membres d'un service
e. se voir • • 5. se parler pour savoir comment avance un projet
f. travailler ensemble • • 6. avoir rendez-vous avec une personne

**4** Le marketing

Complétez les recommandations avec : une agence de publicité, une charte graphique, un plan de communication, une gamme, parts de marché, lancer de nouveaux produits.

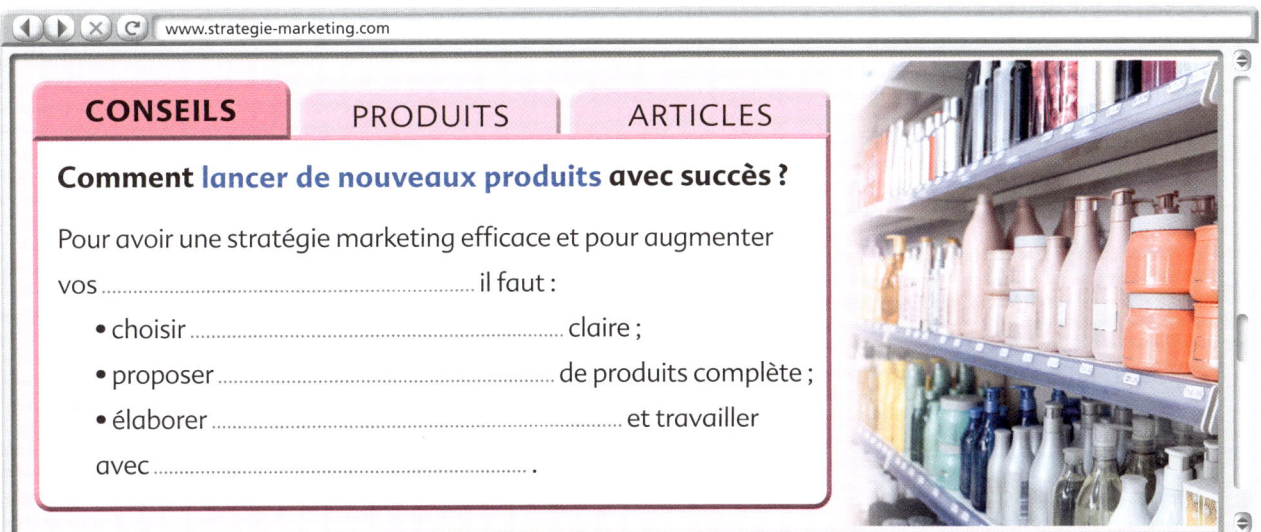

**Comment lancer de nouveaux produits avec succès ?**

Pour avoir une stratégie marketing efficace et pour augmenter vos ........................................... il faut :
• choisir ........................................... claire ;
• proposer ........................................... de produits complète ;
• élaborer ........................................... et travailler avec ........................................... .

Séquence 11 — Participer à une réunion

## Grammaire

### 5. Les trois formes de l'interrogation avec *Quand* et *Où*

**Transformez les questions à la forme indiquée.**

Ex. : Elle arrive quand ? → (forme formelle) Quand arrive-t-elle ?

a. Où est-ce que vous avez rendez-vous ? → (forme familière) ...................................................................

b. Quand faites-vous la réunion d'équipe ? → (forme standard) ...................................................................

c. Quand est-ce qu'on lance le nouveau produit ? → (forme formelle) ...................................................................

d. Où se retrouve-t-on ? → (forme standard) ...................................................................

e. Antonio va où ? → (forme formelle) ...................................................................

f. Quand est-ce qu'on travaille ensemble ? → (forme familière) ...................................................................

### 6. *C'est – Il/Elle est ; Ce sont – Ils/Elles sont*

**Entourez la proposition correcte.**

Ex. : (C'est) / Elle est Madeleine.

a. C'est / Elle est ma nouvelle stagiaire.
b. C'est / Elle est étudiante.
c. Ce sont / Ils sont Akim et Moha.
d. Ce sont / Ils sont des informaticiens.
e. Voici Tipong. C'est / Il est mon assistant.
f. C'est / Il est thaïlandais.

## Conjugaison

### 7. Le verbe *voir* au présent de l'indicatif

**Complétez les terminaisons du verbe *voir*.**

Ex. : On voit Paul demain.

a. Lucie et Martine se voi............ aujourd'hui.
b. Je voi............ Ferdinand cet après-midi.
c. Nous voy............ la publicité.
d. Tu voi............ tes collègues à la réunion ?
e. Elle voi............ le client tout à l'heure.
f. Est-ce que vous voy............ Pauline ?

## Phonie-graphie

### Les sons [y] comme *tu* et [u] comme *nous*

**8. A.** 🔊 038 Écoutez. Vous entendez deux formes identiques ou deux formes différentes ? Cochez.

Ex. : nous / nous

|  | Ex. | 1. | 2. | 3. | 4. | 5. | 6. |
|---|---|---|---|---|---|---|---|
| Deux formes identiques = | × | | | | | | |
| Deux formes différentes ≠ | | | | | | | |

[y] comme *tu* = bouche arrondie et fermée 👄
[u] comme *nous* = bouche très arrondie 👄

**B.** 🔊 039 Écoutez et complétez les phrases avec *u*, *ou* ou *où*.

Ex. : Voici le plan de comm........nication. = Voici le plan de communication.

1. N........s avons rendez-v........s.
2. T........ vois L........cie, la n........velle stagiaire ?
3. Je vais à la ré........nion mens........elle.
4. V........s v........s retr........vez quand ?
5. Le nombre de clients dimin........e.
6. V........s allez ........ ?

# SÉQUENCE 12 — Décrire des activités

**A1**

## COMPRÉHENSION ORALE

**1.** 🎧 040 Écoutez la conversation entre Tania et Mélina.

**a.** Quelle image correspond aux vacances de Tania et sa famille ?

1. ☐

2. ☐

3. ☐

**b.** Ils vont apprendre à…
1. ☐ s'orienter.
2. ☐ faire du feu.
3. ☐ stocker de l'eau.

**c.** Ils vont manger des produits naturels.
1. ☐ Vrai
2. ☐ Faux
3. ☐ On ne sait pas.

**d.** Le stage dure…
1. ☐ 24 heures.
2. ☐ 48 heures.
3. ☐ 72 heures.

**e.** Le formateur est…
1. ☐ un guide.
2. ☐ un ancien militaire.
3. ☐ un professeur de sport.

## ENTRAÎNEMENT

### Manières de dire

**2.** Regardez la photo et complétez les phrases avec : ~~survivre en forêt ?~~ / sous les étoiles / Vous allez vous diriger / vous faites cuire vos aliments / faire du feu / près de Lyon / Vous allez explorer.

a. Vous voulez apprendre à survivre en forêt ?

b. Votre stage a lieu ................................................................. .

c. ................................................................. deux points très importants.

d. Vous allez dormir ................................................................. .

e. Avec le feu, ................................................................. .

f. Vous allez découvrir les différentes techniques pour ................................................................. .

g. ................................................................. avec une boussole.

# Séquence 12 — Décrire des activités

## Vocabulaire

### 3. Les expressions de localisation

Entourez la réponse correcte.

Ex. : Les feuilles sont dans /(sur)/ derrière les arbres.

a. L'arbre est au milieu de / sur / sous la forêt.
b. La forêt est sous le / dans le / près du lac.
c. Le lac est au milieu de / dans / loin de la cabane.
d. À droite de / Sur / Sous la cabane, il y a un arbre.
e. Il y a de la neige sur l' / dans l' / au milieu de l'arbre.
f. Je nage sous / dans / sur le lac.

### 4. La nature

Complétez la grille avec les mots de la nature et trouvez le mot mystère.

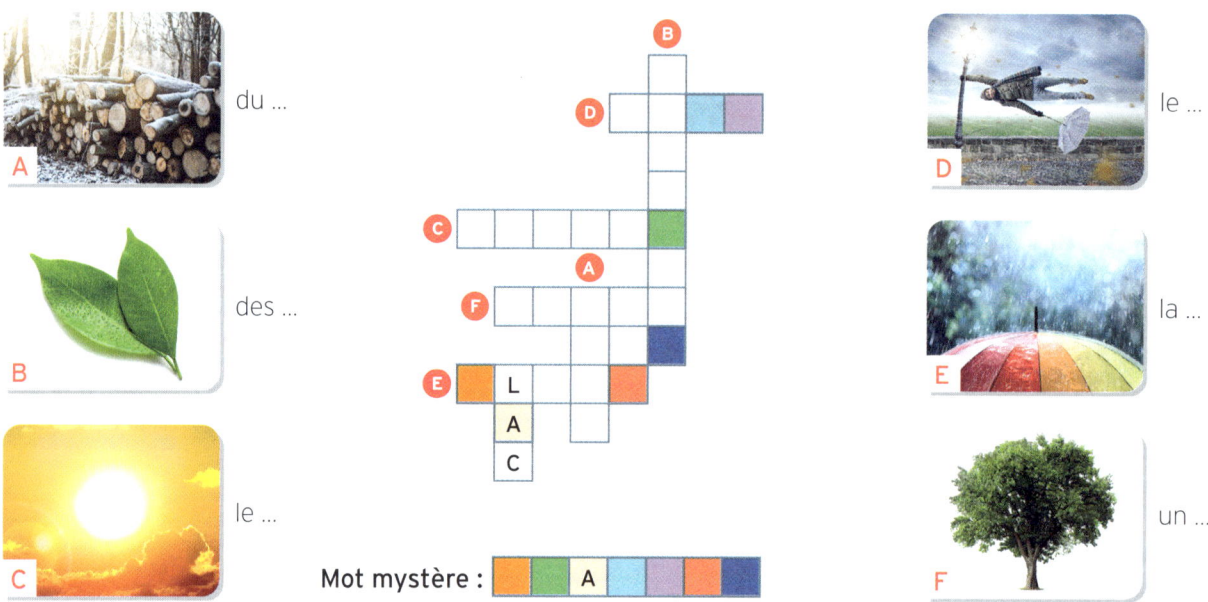

A. du …
B. des …
C. le …
D. le …
E. la …
F. un …

Mot mystère : _ _ A _ _ _

### 5. Les activités de la vie courante

Classez les activités de la vie courante dans le tableau : ~~se laver~~, faire cuire, se brosser les dents, laver un aliment, manger, se doucher, se laver les mains, dormir.

| Pour se reposer | Pour être propre | Pour se nourrir |
|---|---|---|
| | se laver | |
| | | |
| | | |

## Grammaire

### 6. L'adverbe très

Mettez les mots dans l'ordre. Ajoutez les majuscules et la ponctuation.

Ex. : grande / la / très / forêt / est → La forêt est très grande.

a. formateur / ne / le / tu / pas / connais / bien / très → ...................................
b. de l'eau / très / stocker / important / c'est → ...................................
c. très / se / il / bien / faut / préparer → ...................................

Décrire des activités    Séquence 12    **A1**

d. isolés / les / aime / n' / très / endroits / je / pas → ..................................................................
e. nous / carte / dirigeons / nous / très / une / avec / bien → ..................................................................
f. poste / photo / je / très / belle / une → ..................................................................

## 7 Les articles contractés

**Complétez les phrases avec les mots proposés. Faites la contraction si nécessaire.**

Ex. : Nous sommes loin ........................... (les étoiles). → Nous sommes **loin des** étoiles.

a. Je vais dormir à gauche ........................... (l'arbre).
b. N'oublie pas ta boussole ! Elle est à côté ........................... (la carte).
c. Vous allez faire un feu près ........................... (le lac).
d. Regarde la photo de mon stage de survie ! Je suis à droite ........................... (le formateur).
e. J'aime me réveiller dans la nature, en face ........................... (les montagnes).

### Conjugaison

## 8 Les verbes (s')inscrire et connaître au présent de l'indicatif

**Conjuguez les verbes.**

a.
– Salut Isabelle, tu vas bien ? Jérôme et toi, vous *(connaître)* **connaissez** les stages de survie ?
– Oui ! On adore !
– On *(s'inscrire)* ........................... à un stage de survie ce week-end ?
– Ah oui, super idée. Jérôme est d'accord. Nous *(s'inscrire)* ........................... !

b.
– Tu *(connaître)* ........................... Isabelle et Jérôme ?
– Oui, pourquoi ?
– Ils *(s'inscrire)* ........................... au stage avec nous !

c.
– Bonjour Damien et Audrey ! Isabelle et Jérôme participent au stage avec nous. Vous *(s'inscrire)* ........................... aussi ?
– Pourquoi pas, mais on ne *(connaître)* ........................... pas Isabelle et Jérôme. ☺

## 9 Les verbes pronominaux réfléchis au présent de l'indicatif

🔊 041 Écoutez les phrases. Le verbe est pronominal ou non ? Cochez.

Ex. : Je me réveille.

|  | Ex. | a. | b. | c. | d. | e. | f. |
|---|---|---|---|---|---|---|---|
| Verbe pronominal réfléchi | ✗ |  |  |  |  |  |  |
| Verbe non pronominal |  |  |  |  |  |  |  |

### Phonie-graphie

#### L'élision

**10 A. Mettez une apostrophe (') si nécessaire.**

Ex. : Je dors, je me lave et je me habille dans la forêt. → je **me'**habille

1. Ne oublie pas de utiliser le bois.
2. Le objectif de ton stage ce est de apprendre à te orienter.
3. Avec la eau de pluie, je peux me laver les mains et me doucher.
4. Il se inscrit à ce stage parce que il veut découvrir des techniques de orientation.
5. Je utilise des branches de arbre pour me protéger du soleil : ce est très pratique.

**B.** 🔊 042 Écoutez pour vérifier. Puis répétez les phrases.

# Bilan 4

## Structures de la langue

**Cochez la bonne réponse.**

1. ◣ Les transports individuels produisent beaucoup ... pollution.
   a. ☐ de
   b. ☐ du
   c. ☐ de la
   d. ☐ des

2. ◣ Je n'imprime pas ... photocopies.
   a. ☐ de
   b. ☐ du
   c. ☐ de la
   d. ☐ des

3. ◣ C'est un gobelet ... carton.
   a. ☐ à
   b. ☐ le
   c. ☐ en
   d. ☐ de

4. ◣ L'entreprise ... des déchets.
   a. ☐ produis
   b. ☐ produit
   c. ☐ produise
   d. ☐ produisent

5. ◣ Elles ... au bureau à vélo.
   a. ☐ viens
   b. ☐ vient
   c. ☐ venez
   d. ☐ viennent

6. ◣ Tu ... ce soir.
   a. ☐ pars
   b. ☐ part
   c. ☐ partons
   d. ☐ partent

7. ◣ – Qui est Alphonse ?
   – ... nouveau collègue.
   a. ☐ Il est
   b. ☐ C'est
   c. ☐ Il est un
   d. ☐ C'est un

8. ◣ – Quelle est la profession d'Étienne ?
   – ... informaticien.
   a. ☐ Il est
   b. ☐ C'est
   c. ☐ Il est un
   d. ☐ C'est une

9. ◣ – ... arrive le nouveau graphiste ?
   – Jeudi.
   a. ☐ Où
   b. ☐ Quand
   c. ☐ Est-ce qu'
   d. ☐ Qu'est-ce qu'

10. ◣ On ... notre client cette semaine.
    a. ☐ voit
    b. ☐ voyons
    c. ☐ voyez
    d. ☐ voient

11. ◣ On utilise ... énergie.
    a. ☐ beaucoup
    b. ☐ beaucoup d'
    c. ☐ beaucoup de l'
    d. ☐ beaucoup de la

12. ◣ Le stage a lieu ... lac.
    a. ☐ sur
    b. ☐ dans
    c. ☐ près d'un
    d. ☐ à côté de la

13. ◣ Le sac est ... la table.
    a. ☐ sur
    b. ☐ sous
    c. ☐ devant
    d. ☐ à droite de

14. ◣ Il ... lave ... mains.
    a. ☐ me / tes
    b. ☐ me / ses
    c. ☐ se / ses
    d. ☐ se / les

15. ◣ Vous ... Adrien ?
    a. ☐ connais
    b. ☐ connaît
    c. ☐ connaissons
    d. ☐ connaissez

**Mon score ........ /15**

# Bilan 4 — A1

## Compréhension orale

**Écoutez la conversation et cochez la bonne réponse.** (043)

**1.** L'entreprise consomme trop…
a. ☐ d'énergie.  b. ☐ de papier.  c. ☐ de plastique.

**2.** Anne propose de…
a. ☐ supprimer l'utilisation de papier.
b. ☐ limiter la production de déchets.
c. ☐ réduire la consommation d'électricité.

**3.** Albert propose de ne pas utiliser…
a. ☐ d'objets jetables.
b. ☐ de boîtes en carton.
c. ☐ de feuilles de papier.

**4.** Ally Gagnon est une spécialiste…
a. ☐ du recyclage.
b. ☐ des économies.
c. ☐ de l'environnement.

**5.** Le rendez-vous avec Ally Gagnon a lieu…
a. ☐ vendredi matin.
b. ☐ mardi prochain.
c. ☐ jeudi prochain.

Mon score ……… /5

## Compréhension écrite

**Lisez le mail et cochez la bonne réponse.**

---

**Objet :** RE : Questions d'organisation — Boîte de réception
jeudi 07/07/2022 11:32 (il y a 15 minutes)
**S** Serge KHALFON <s.khalfon@formation1_iml.fr>
À : k.cardoso@rh_iml.fr   CC : e.field@formation2_iml.fr

Bonjour Katia,
J'espère que tu vas bien.
Voici mes réponses à tes questions sur la journée d'intégration des stagiaires.
Quand est-ce que les stagiaires arrivent ? ➥ *Ils arrivent vendredi prochain, le 15.*
Où est-ce que je peux trouver le matériel (catalogues, photocopies, papiers, stylos, etc.) pour le stage ? ➥ *Il faut aller dans la salle du stock. Elle est dans le bâtiment C, en face de la cafétéria, à droite de l'entrée.*
Est-ce qu'Evan et toi vous vous voyez lundi matin pour finaliser le programme ? ➥ *Non, on se voit demain matin pour terminer la proposition de programme. Lundi matin, on se retrouve pour la présentation à la direction, elle va valider nos propositions.*
Avec Evan, qu'est-que vous allez faire pour le déjeuner ? ➥ *On organise un petit-déjeuner de bienvenue dans la salle 601, mais les stagiaires apportent leur déjeuner. Ils peuvent aller à la cafétéria avec leur repas.*
Bonne journée,
Serge

---

**1.** Serge et Katia travaillent dans…
a. ☐ la même équipe.
b. ☐ le même service.
c. ☐ la même entreprise.

**2.** Les stagiaires arrivent…
a. ☐ demain.
b. ☐ dans quinze jours.
c. ☐ la semaine prochaine.

**3.** Identifiez le plan correct.

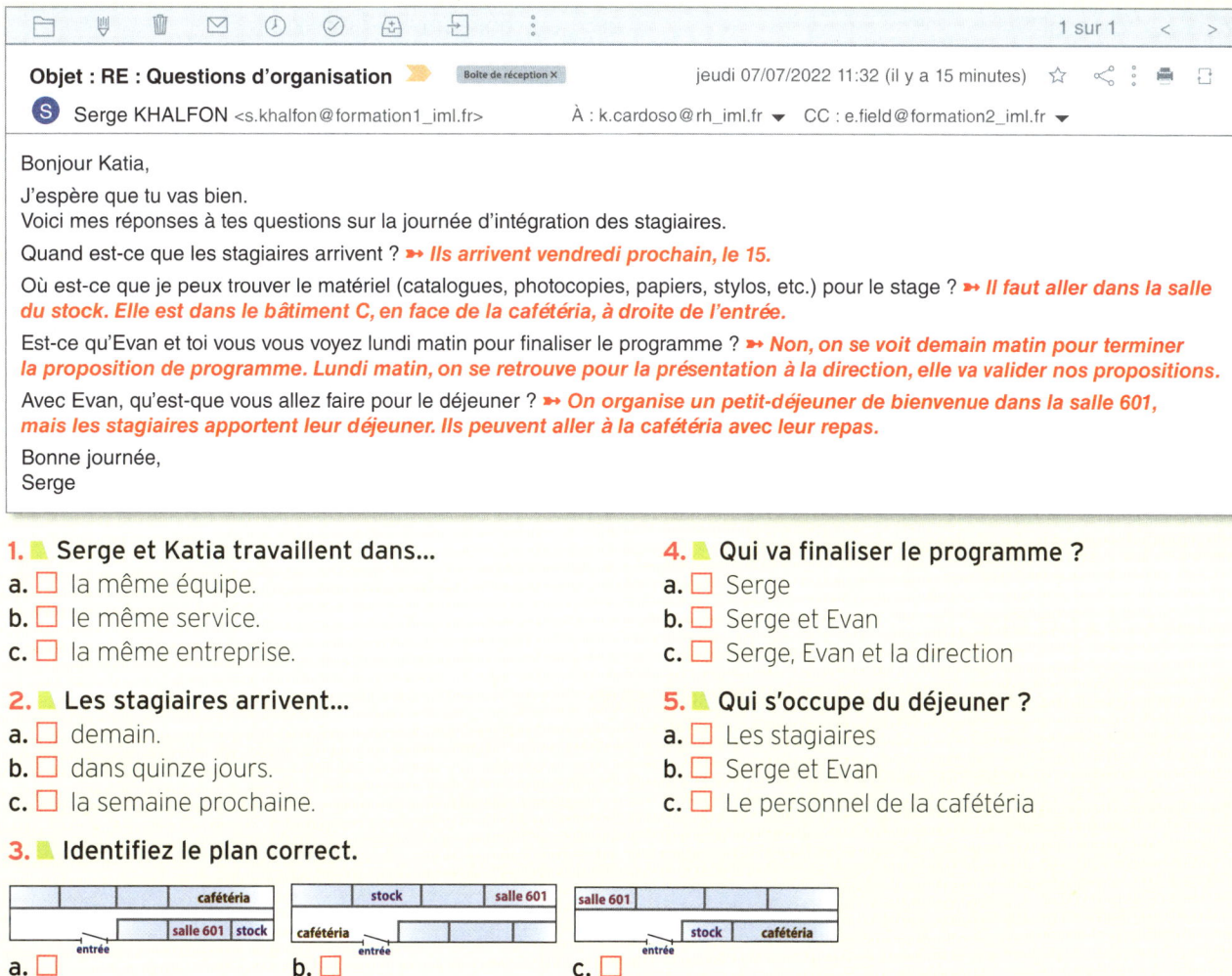

a. ☐   b. ☐   c. ☐

**4.** Qui va finaliser le programme ?
a. ☐ Serge
b. ☐ Serge et Evan
c. ☐ Serge, Evan et la direction

**5.** Qui s'occupe du déjeuner ?
a. ☐ Les stagiaires
b. ☐ Serge et Evan
c. ☐ Le personnel de la cafétéria

Mon score ……… /5

# SÉQUENCE 13 — Laisser un message téléphonique

## COMPRÉHENSION ÉCRITE

**1** Lisez le mail de Kimiko et cochez la bonne réponse.

> **Objet : rendez-vous**
> Kimiko Bando <kimiko_bando@socelec.com>
> À : <celestine_dupre@socelec.com>
> 09:11 (il y a 0 minute)
>
> Bonjour Célestine,
>
> Je suis désolée, je ne peux pas venir au bureau demain. Est-ce qu'on peut déplacer notre point hebdomadaire ? Je t'annonce une bonne nouvelle ! Louise Marquer et Adrian Groff sont disponibles pour venir travailler avec nous jeudi sur le dossier FX35. Nous devons fixer l'heure. J'essaie de t'appeler à 17 h.
>
> Bonne journée
> Kimiko

**a.** C'est un message…
1. ☐ amical.
2. ☐ commercial.
3. ☐ professionnel.

**b.** Demain, Kimiko est…
1. ☐ absente.
2. ☐ occupée.
3. ☐ disponible.

**c.** Elle souhaite…
1. ☐ annuler une réunion.
2. ☐ organiser une visioconférence.
3. ☐ reporter un rendez-vous habituel.

**d.** Adrian Groff et Louise Marquer…
1. ☐ peuvent venir au bureau.
2. ☐ doivent contacter Kimiko.
3. ☐ veulent confirmer l'heure du rendez-vous.

**e.** Que doit faire Kimiko ?
1. ☐ Contacter Adrian Goff
2. ☐ Téléphoner à Célestine
3. ☐ Répondre à Louise Marquer

**f.** Quand est-ce qu'elle va faire cette action ?
1. ☐ Ce matin
2. ☐ En début d'après-midi
3. ☐ En fin d'après-midi

## ENTRAÎNEMENT

### Manières de dire

**2** Complétez les dialogues avec les phrases suivantes.

a. Je peux te rappeler ?
b. J'ai un empêchement cet après-midi.
c. Merci de me rappeler au 05 64 31 24 67.
d. Je vous appelle pour reporter notre réunion.
e. Je reviens vers vous au sujet de votre dossier.
f. ~~Je vous contacte pour vous proposer un rendez-vous.~~

Ex. : – Bonjour Madame Gilles. **f. Je vous contacte pour vous proposer un rendez-vous.**
– Ah ! Merci beaucoup ! Je suis disponible cette semaine.

1. – ........................................................
– Pas de problème. Quel jour êtes-vous disponible ?

2. – Je suis désolée. Nous devons trouver une autre date de rendez-vous.
   – Pourquoi ?
   – ................................................................................................................................................................

3. – ................................................................................................................................................................
   – Vous avez une bonne nouvelle ?
   – Oui. Nous acceptons votre proposition.

4. – Allô Daniela, c'est Cédric.
   – Ah bonjour Cédric. Désolée je suis en réunion ! ................................................................................................
   – Oui, bien sûr ! Merci !

5. Bonjour ! Hélène Huong du laboratoire médical. J'ai vos résultats. ................................................................................

## 3 Rendez-vous

**Associez les phrases avec un sens identique.**

a. Je ne suis pas disponible pour ce rendez-vous.
b. Je change la date du rendez-vous.
c. J'accepte le moment du rendez-vous.
d. Je propose une date et une heure de rendez-vous.
e. Je ne suis pas disponible et je voudrais un autre rendez-vous.

1. Je fixe un rendez-vous.
2. Je confirme le rendez-vous.
3. Je déplace le rendez-vous.
4. J'annule le rendez-vous.
5. Je reporte le rendez-vous.

# Vocabulaire

## 4 L'heure

🔊 044 **Écoutez les messages téléphoniques et notez l'heure à la forme formelle et à la forme informelle.**

Ex. : Salut ! Mon train arrive à 16 h 12 à la gare de Valence. À demain ! → 16 h 12 ou quatre heures douze de l'après-midi

a. ................................................................................................................................................................
b. ................................................................................................................................................................
c. ................................................................................................................................................................
d. ................................................................................................................................................................
e. ................................................................................................................................................................
f. ................................................................................................................................................................

# Grammaire

## 5 Les pronoms personnels compléments *me, te, nous, vous*

**Mettez les mots dans l'ordre. Ajoutez les majuscules et la ponctuation.**

Ex. : pouvez / me / vous / rappeler ? → Vous pouvez me rappeler ?

a. rappeler / essayons de / vous / nous → ................................................................................................
b. nous / vont / ils / téléphoner → ................................................................................................
c. ce dossier / dois / nous / tu / envoyer → ................................................................................................
d. te / demain / peut / répondre / il → ................................................................................................
e. mercredi / je / t' / vais / appeler → ................................................................................................
f. la confirmation / m' / devez / vous / envoyer → ................................................................................................

Séquence 13 — Laisser un message téléphonique

## 6. Les adjectifs démonstratifs

**Transformez les phrases au singulier.**

Ex. : Ces bureaux sont près de la gare. → Ce bureau est près de la gare.

a. Ces réunions sont à 14 heures. → ...........................................................
b. Ces collaborateurs sont en retard. → ...........................................................
c. Ces ordinateurs sont en panne. → ...........................................................
d. Ces dossiers sont à moi. → ...........................................................
e. Ces informations sont importantes. → ...........................................................
f. Ces ingénieurs sont chinois. → ...........................................................

## Conjugaison

## 7. Les verbes *essayer* et *envoyer* au présent de l'indicatif

**Complétez la grille comme dans l'exemple.**

Ex. : 1. Payer / Vous
2. Essayer / Nous
3. Nettoyer / il
4. Essayer / elles
5. Payer / je
6. Essuyer / elle
7. Envoyer / tu
8. Essuyer / ils

## Phonie-graphie

### L'orthographe de *ce/se, ces/ses, c'est/sait, cet/cette/sept*

**8.** 🎧 045 Écoutez et entourez le mot correct.

Ex. : J'aime beaucoup ce produit. → **ce** / se

a. cet / cette
b. sais / c'est
c. cet / sept
d. ces / ses
e. cette / sept

f. Sait / C'est
g. ce / se
h. ces / ses
i. cette / sept
j. ce / se

# SÉQUENCE 14 — Comparer des produits et des services

**A1**

## COMPRÉHENSION ORALE

**1** 🎧 046 Caroline veut acheter un vélo électrique.
Elle demande des informations à un vendeur.
Écoutez leur conversation puis cochez la bonne réponse.

**a.** Avec son budget, Caroline peut acheter…
1. ☐ le modèle Elops.
2. ☐ le modèle Riverside.
3. ☐ les deux modèles.

**b.** On parcourt plus de 60 kilomètres avec…
1. ☐ le modèle Elops.
2. ☐ le modèle Riverside.
3. ☐ les deux modèles.

**c.** Quel vélo est très confortable ?
1. ☐ Elops
2. ☐ Riverside
3. ☐ Les deux

**d.** Quel vélo a le plus d'options ?
1. ☐ Elops
2. ☐ Riverside
3. ☐ Les deux

**e.** Quel vélo est équipé d'un système de sécurité ?
1. ☐ Elops
2. ☐ Riverside
3. ☐ Les deux

## ENTRAÎNEMENT

### Manières de dire

**2** Complétez le descriptif des aspirateurs robots avec : c'est mieux / en quelques minutes / faut compter entre… et / sont moins économiques qu' / ~~permettent de~~ / utilisation est simple / sont assez chers.

### Les aspirateurs robots

Les avantages : ils permettent de nettoyer le sol quand vous êtes occupé ou absent.
Leur ........................ . Certains aspirateurs ont une fonction lavage en plus. Ils nettoient une pièce de 20 m² ........................ .

Le seul inconvénient : leur prix. Ils ........................ ,
il ........................ 330 ........................ 780 €.
Ils ........................ un aspirateur traditionnel,
mais pour votre confort, ........................ !

## Séquence 14 — Comparer des produits et des services

## Vocabulaire

### 3. Les boissons

Associez l'image au mot correspondant.

1. un thé   2. une dosette   3. un café   4. une capsule   5. le goût   6. un arôme   7. un chocolat chaud

### 4. Les avantages et les inconvénients

Complétez l'avis client avec : cher, ~~compostables~~, de mauvaise qualité, difficile, économique, lente, rapport qualité-prix.

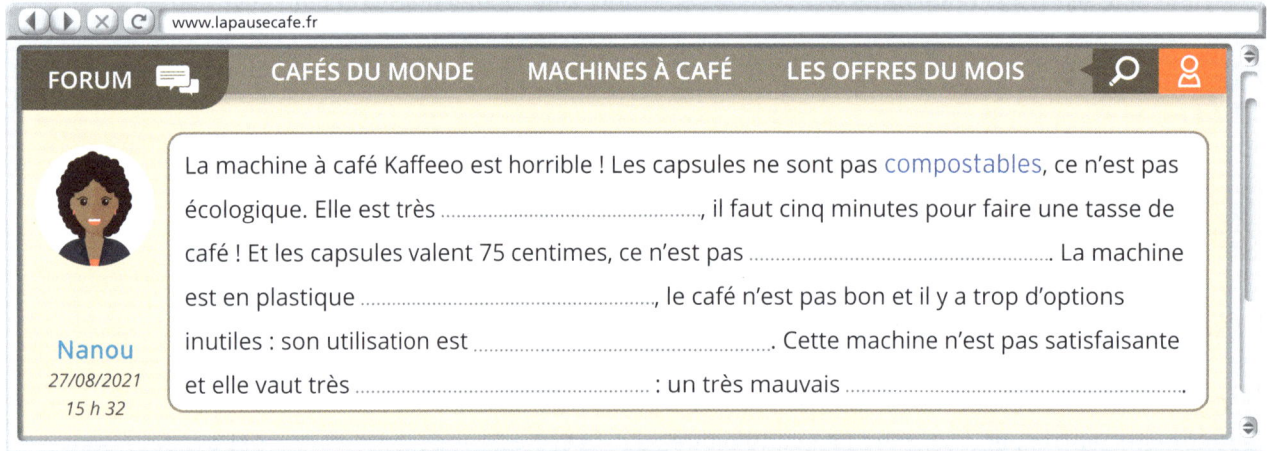

## Grammaire

### 5. Le pronom personnel *on*

**Remplacez *on* par *nous* ou *les gens* selon le sens et conjuguez le verbe.**

Au bureau, on a (= nous avons) une machine à dosettes. On dit (= ........................) que le goût du café est meilleur et on est (= ........................) d'accord. Mes collègues et moi, on boit (= ........................) deux cafés par jour : un à la pause du matin et un après le déjeuner.

En France, on consomme (= ........................) du café, mais en Angleterre, on préfère (= ........................) le thé. On dit (= ........................) que le thé est meilleur pour la santé que le café.

En général, on pense (= ........................) que faire une pause-café n'est pas productif, mais dans mon équipe, on n'est pas (= ........................) d'accord !

## 6 L'adjectif *cher*

**Associez pour former des phrases (plusieurs possibilités).**

a. 1 000 € pour une machine à café,
b. Ces capsules
c. Le café en capsule
d. Une dosette de café à plus de 50 centimes,
e. Les filtres bio
f. Cette machine à dosette
g. La machine à filtre coûte seulement 50 €,

- est
- sont
- c'est
- ce n'est pas

1. cher.
2. chère.
3. chers.
4. chères.

## 7 Les comparatifs

**Complétez le témoignage avec les comparatifs entre parenthèses (− : comparatif d'infériorité ; + : comparatif de supériorité ; = : comparatif d'égalité).**

Je préfère le télétravail au travail au bureau. Mon environnement de travail est (=) bien) **aussi bien**. Je travaille (+) ........................, je fais (−) ........................ pauses, mais j'échange (=) ........................ avec mes collègues. Mes horaires sont (+) ........................ flexibles et je suis (−) ........................ stressée. Le télétravail, pour moi, c'est vraiment (+ bien) ........................ !

### Conjugaison

## 8 Le verbe *permettre* au présent de l'indicatif

**Entourez le verbe qui convient.**

Ex. : Elle permets / (permet) de faire un bon café.

a. Je permets / permet cette question.
b. Tu permet / permets cette demande ?
c. On permet / permettons un meilleur achat.
d. Nous permets / permettons le café en réunion.
e. Vous permettez / permettent une économie importante.
f. Ils permettez / permettent le télétravail le jeudi.

### Phonie-graphie

#### Le *e* accent aigu (é) et le *e* accent grave (è)

## 9 A. 🎧 047 **Écoutez et ajoutez les accents aigus (é).**

Ex. : Cette machine est plus économique et le temps de préparation n'est pas long.

1. Jeremie, le teleconseiller, utilise des capsules de cafe de bonne qualite.
2. Au service developpement, ils boivent une grande quantite de the.

B. 🎧 048 **Écoutez et ajoutez les accents graves (è).**

Ex. : J'ai un problème : cette cafetière est très chère.

1. J'achete ce nouveau modele des que possible.
2. Cet apres-midi, je lis ta deuxieme synthese sur le lancement de ce produit.

# SÉQUENCE 15 — Donner des conseils

## COMPRÉHENSION ÉCRITE

**1** Lisez la discussion sur le forum et cochez la bonne réponse.

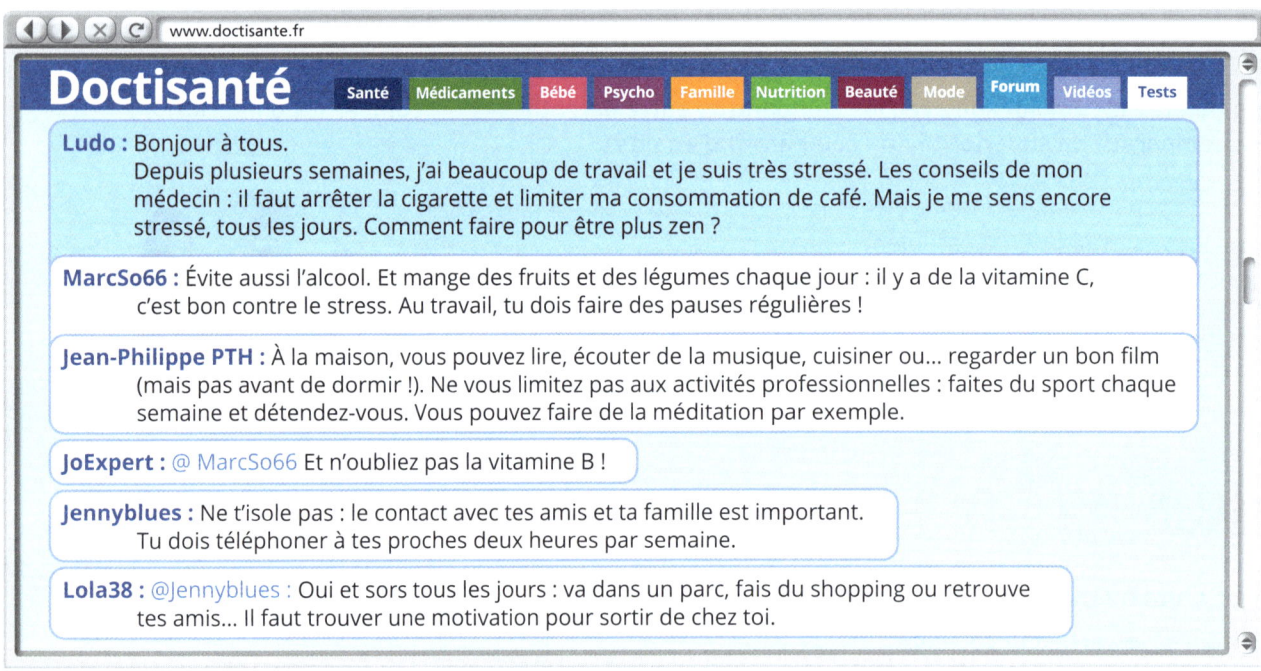

**a.** Ludo veut savoir comment il peut…
1. ☐ arrêter de fumer.
2. ☐ être moins stressé.
3. ☐ avoir une bonne alimentation.

**b.** Jean-Philippe PTH donne des conseils sur l'alimentation.
1. ☐ Vrai    2. ☐ Faux

**c.** Jennyblues donne des conseils sur les relations.
1. ☐ Vrai    2. ☐ Faux

**d.** Ludo doit… (3 réponses)
1. ☐ rester à la maison.
2. ☐ prendre des vitamines.
3. ☐ manger des aliments sains.
4. ☐ faire du sport tous les jours.
5. ☐ appeler ses amis régulièrement.

**e.** Ludo ne doit pas… (3 réponses)
1. ☐ fumer.
2. ☐ s'isoler.
3. ☐ sortir souvent.
4. ☐ retrouver des amis.
5. ☐ boire beaucoup de café.

## ENTRAÎNEMENT

### Manières de dire

**2** 🎧 (049) Écoutez les situations et associez aux conseils correspondants (plusieurs possibilités).

a. Évite le café, l'alcool et les cigarettes. → Situation ..........
b. Limitez les écrans avant de vous coucher. → Situation ..........
c. Essaye de te coucher plus tôt. → Situation ..........

d. Vous pouvez prendre une douche ou un bain. → Situation 1
e. Travaillez dans un bureau individuel et ne consultez pas votre téléphone. → Situation ..........
f. Vous devez vous réveiller à la même heure. → Situation ..........
g. Il faut téléphoner à tes amis en moyenne deux heures par semaine. → Situation ..........

## Vocabulaire

### 3. Les activités quotidiennes

Classez les activités quotidiennes dans le tableau : aller au lit, se réveiller, écouter de la musique, s'étirer, se coucher, dormir, se lever, prendre une douche ou un bain, rester au lit, s'endormir (plusieurs possibilités).

En général…

| Le matin | Quand on veut dans la journée | Le soir | La nuit |
|---|---|---|---|
| | | Ex. : aller au lit | |
| | | | |
| | | | |

## Grammaire

### 4. La forme négative *ne… plus, ne… jamais*

Complétez les phrases avec *ne… plus* ou *ne… jamais*.

Ex. : Je ne bois jamais de café parce que je suis allergique à la caféine.

a. Je suis moins stressé maintenant parce que je .......... fume .......... .
b. J'aime passer un bon moment avec mes amis : je .......... consulte .......... mon téléphone au dîner.
c. Je ne veux pas être stressée : je .......... consomme .......... de thé ou de café après 16 heures.
d. Maintenant, je lis un livre avant de dormir : je .......... regarde .......... la télé.
e. Je .......... me lève .......... après 9 heures parce que j'ai des journées très actives.
f. Je .......... peux .......... dormir tard parce que j'ai un enfant maintenant.

### 5. Le pronom interrogatif *Comment*

Transformez les phrases comme dans l'exemple.

Ex. : Comment est-ce que tu limites les écrans ?
→ forme familière : Comment tu limites les écrans ? / Tu limites les écrans comment ?

a. Comment pouvons-nous arrêter de fumer ? → forme standard : ..........
b. Ils s'endorment comment ? → forme formelle : ..........
c. Comment est-ce que tu fais de la méditation ? → forme familière : ..........
d. Comment vous connaissez ces conseils ? → forme standard : ..........
e. Comment se concentre-t-il ? → forme familière : ..........

### 6. Les expressions de temps

Complétez les phrases avec : 9 heures / le dîner / dormir / le travail / se lever / 23 heures.

Ex. : Levez-vous avant 9 heures.

a. Pour se détendre, il aime faire du sport après .......... .
b. Je me couche avant .......... .
c. Ne regardez pas la télé avant de .......... .
d. Pour passer une bonne soirée, vous devez limiter les écrans après .......... .
e. Le matin, il faut s'étirer avant de .......... .

**Séquence 15** — Donner des conseils

## Conjugaison

### 7 L'impératif des verbes pronominaux

**Donnez des conseils avec un verbe à l'impératif et un moment de la liste.**
- se réveiller (tu) / se détendre (tu) / ne pas se coucher (vous) / ~~se brosser les dents (vous)~~ / s'étirer (tu) / ne pas s'isoler (vous)
- avant de dormir / à la même heure / le matin / après 23 heures / ~~chaque jour~~ / le soir et le week-end

Ex. : Brossez-vous les dents chaque jour.

a. ....................................

b. ....................................

c. ....................................

d. ....................................

e. ....................................

### 8 Le verbe *dormir* au présent de l'indicatif

**Conjuguez les verbes entre parenthèses.**
Ex. : Nous *(s'endormir)* **nous endormons** avant 22 h 30.

a. Les enfants *(dormir)* ........................ plus de huit heures par nuit.
b. Nous *(ne pas s'endormir)* ........................ devant la télévision.
c. Chut ! Il *(dormir)* ........................ .
d. Je *(s'endormir)* ........................ à la même heure.
e. Tu *(s'endormir)* ........................ avec de la musique ?
f. Vous *(dormir)* ........................ bien ?

## Phonie-graphie

### L'orthographe des mots invariables

### 9 🎧 050 Écoutez et complétez les phrases avec les mots entendus.

Ex. : Essayez de vous coucher tôt.

a. Il faut dormir huit heures ........................ nuit.
b. Vous devez avoir une routine ........................ jour.
c. Ne consultez plus votre smartphone ........................ le dîner.
d. Ne vous endormez pas ........................ la télé.
e. Ne consommez ........................ de thé ou de café l'après-midi.
f. Évitez les douches ........................ chaudes.

# Bilan 5

**A1**

## Structures de la langue

**Cochez la bonne réponse.**

**1.** Les machines à café ? Ça coûte…
a. ☐ cher.
b. ☐ chère.
c. ☐ chers.
d. ☐ chères.

**2.** Il est…
a. ☐ sept heures.
b. ☐ sept heures et quart.
c. ☐ sept heures et demie.
d. ☐ sept heures moins le quart.

**3.** Je dors mieux maintenant parce que je … regarde … la télé le soir.
a. ☐ n' … plus
b. ☐ ne … plus
c. ☐ n' … jamais
d. ☐ ne … jamais

**4.** Bonjour Madame Leroy, je … envoie le dossier.
a. ☐ m'
b. ☐ t'
c. ☐ nous
d. ☐ vous

**5.** Je préfère la machine à expresso, le café est … qu'avec l'autre machine.
a. ☐ meilleur
b. ☐ meilleure
c. ☐ meilleurs
d. ☐ meilleures

**6.** Elle … beaucoup.
a. ☐ dors
b. ☐ dort
c. ☐ dormez
d. ☐ dorment

**7.** … rendez-vous est important.
a. ☐ Ce
b. ☐ Cet
c. ☐ Cette
d. ☐ Ces

**8.** Dans cette entreprise, on … boire un café de qualité.
a. ☐ peux
b. ☐ peut
c. ☐ pouvons
d. ☐ peuvent

**9.** Je…
a. ☐ m'étire.
b. ☐ me lève.
c. ☐ me couche.
d. ☐ me réveille.

**10.** Tu … le dossier ce soir ?
a. ☐ envoie
b. ☐ envoies
c. ☐ envoyons
d. ☐ envoient

**11.** Il utilise des dosettes…
a. ☐ chères.
b. ☐ rapides.
c. ☐ économiques.
d. ☐ compostables.

**12.** Couche-toi tôt et ne … endors pas après 22 heures.
a. ☐ t'
b. ☐ te
c. ☐ nous
d. ☐ vous

**13.** – Cet après-midi, mon train part à deux heures moins le quart.
– À quelle heure ?
– À …
a. ☐ une heure quinze.
b. ☐ trois heures cinquante.
c. ☐ treize heures quarante-cinq.
d. ☐ quatorze heures cinquante-cinq.

**14.** Tu … de finir la présentation aujourd'hui ?
a. ☐ essaie
b. ☐ essaies
c. ☐ essayons
d. ☐ essaient

**15.** – … est-ce que tu t'endors ?
– Avec de la musique.
a. ☐ Quand
b. ☐ Pourquoi
c. ☐ Comment
d. ☐ À quelle heure

Mon score …… /15

# Bilan 5

## Compréhension orale

**1.** 🎧 (051) Écoutez l'appel téléphonique et corrigez les informations dans le mémo.

> **Appel téléphonique**
> 📞 De la part de : *Madame Lévis*
> Pour : *Mickaël Dubois*
> Objet de l'appel : *confirmer le rendez-vous du 3 avril.*
> ✏️ Informations : *Nouvelle proposition pour le 7 avril à 10 h.*

**2.** 🎧 (052) Écoutez les conseils et indiquez l'objet du conseil.

|  | Conseil 1 | Conseil 2 | Conseil 3 | Conseil 4 | Conseil 5 | Conseil 6 |
|---|---|---|---|---|---|---|
| **a.** Pour bien dormir |  |  |  |  |  |  |
| **b.** Pour protéger l'environnement |  |  |  |  |  |  |
| **c.** Pour se déplacer dans la ville |  |  |  |  |  |  |
| **d.** Pour travailler dans un espace collaboratif |  |  |  |  |  |  |
| **e.** Pour bien s'alimenter |  |  |  |  |  |  |
| **f.** Pour progresser en français |  |  |  |  |  |  |

Mon score ...... /5

## Compréhension écrite

**Lisez les avis et complétez la fiche produit.**

https://www.electromenagershop/lave-vaisselle/ben/avis

**QUELQUES AVIS**

**Ben est notre ami**
⭐⭐⭐⭐ **Lucy39**
J'utilise Ben, mon mini lave-vaisselle tous les jours et je suis satisfaite. Il est très compact : avec sa petite taille (il est un peu plus grand que mon micro-onde), je peux le placer sous le meuble de ma cuisine. Il est facile à utiliser et très pratique. Il est aussi personnalisable (mais difficile de choisir entre les seize couleurs différentes !). Un conseil : ne l'ouvrez pas tout de suite après la fin du cycle de lavage, attendez quelques minutes.

**Écologique**
⭐⭐⭐ **Ecolo123**
Un peu cher (540 € avec les options, 490 € sans les options), mais j'aime ce lave-vaisselle parce qu'il est écologique. Il consomme 5 fois moins d'eau (capacité 3,5 litres d'eau) qu'un lavage à la main. Pour réduire l'impact sur l'environnement, il est fabriqué en France avec 40 % de plastiques recyclés : n'hésitez pas !

**NOM DU PRODUIT :**
..........................................
**LIEU DE FABRICATION :**
..........................................
**CONSOMMATION D'EAU :**
..........................................
**NOMBRE DE COULEURS :**
..........................................
**PRIX :** ................................
**AVANTAGES :**
..........................................
..........................................
..........................................
..........................................

Mon score ...... /5

# SÉQUENCE 16 — Raconter une expérience

A1

## COMPRÉHENSION ORALE

**1.** 🎧 053 Écoutez le message de Gabriel à sa collègue. Cochez ou écrivez la bonne réponse.

**a.** Qu'est-ce que Gabriel a fait ?
1. ☐ Il est allé chez PrintEco.
2. ☐ Il a consulté le site de PrintEco.
3. ☐ Il a téléphoné au magasin PrintEco.

**b.** Quel article il a commandé ?
................................................................

**c.** Combien Gabriel va payer ?
1. ☐ Moins de 675 euros
2. ☐ 675 euros
3. ☐ Plus de 675 euros

**d.** Pourquoi ?
................................................................

**e.** Gabriel...
1. ☐ va chercher l'article jeudi.
2. ☐ attend l'article au bureau.
3. ☐ a installé l'article dans son bureau.

**f.** Gabriel et sa collègue...
1. ☐ arrivent mercredi.
2. ☐ vont partir en voyage.
3. ☐ ont acheté des billets d'avion.

## ENTRAÎNEMENT

### Manières de dire

**2.** Regardez les photos et cochez deux réactions possibles pour chaque situation.

Ex. :

A

1. ☒ Vous pouvez échanger vos articles.
2. ☐ Vous n'avez pas été réactif.
3. ☐ J'ai eu un problème.
4. ☒ Je peux payer par carte ?

B

1. ☐ J'ai fait des achats en ligne.
2. ☐ Le magasin ne rembourse pas.
3. ☐ J'ai choisi la livraison à domicile.
4. ☐ Je suis vraiment déçue !

C

1. ☐ Le vendeur est très compétent !
2. ☐ Ah mais non, ce n'est pas ma commande !
3. ☐ Je suis furieux !
4. ☐ Le magasin propose un grand choix de produits.

D

1. ☐ On a acheté une nouvelle maison.
2. ☐ Nous sommes très satisfaits !
3. ☐ Mon mari a retiré notre commande.
4. ☐ Ce n'est pas normal !

# Séquence 16 — Raconter une expérience

## Vocabulaire

### 3. La vente

**A. Trouvez le verbe correspondant à l'action comme dans l'exemple.**

Ex. : acheter : un achat

1. commander : une ...................................................
2. livrer : une ...................................................
3. retirer : un ...................................................
4. vendre : une ...................................................
5. rembourser : un ...................................................
6. échanger : un ...................................................

**B. Entourez le mot qui convient.**

Ex. : Vous pouvez (commander) / retirer vos produits en magasin ou sur notre site.

1. J'ai commandé des livres sur Internet. J'attends ma vente / livraison.
2. Il y a un problème sur ma commande. Je vais demander un échange / retrait.
3. Les clients peuvent régler leurs achats / remboursements par carte bancaire.
4. Cette semaine, le magasin fait des achats / promotions.
5. Vous avez acheté combien d'articles / échanges ?

### 4. Les indicateurs de temps (passé)

Placez les moments sur la frise chronologique : Ce matin / Hier matin / Lundi dernier / En avril dernier / Hier après-midi / L'année dernière / La semaine dernière.

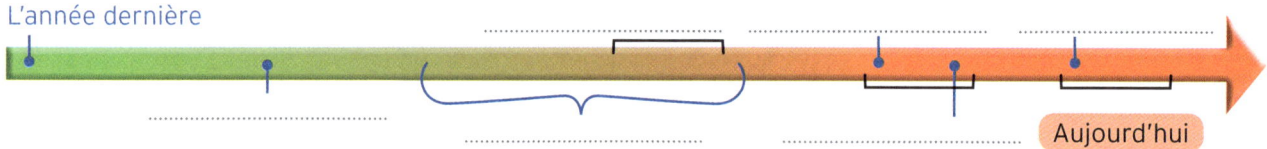

## Grammaire

### 5. Le complément du nom

Complétez les noms des commerces comme dans l'exemple.

Ex. : la boulangerie (f) des fleurs (f)

a. ............. restaurant (m) ............. ferme (f)
b. ............. hôtel (m) ............. voyageurs (m)
c. ............. librairie (f) ............. monde (m)
d. ............. café (m) ............. arts (m)
e. ............. pharmacie (f) ............. place (f)
f. ............. fleuriste (m) ............. amour (m)
g. ............. boulangerie (f) ............. centre (m)
h. ............. supermarché (m) ............. avenir (m)

## Conjugaison

### 6. Le participe passé

🎧 054 Écoutez les participes passés et écrivez les verbes à l'infinitif.

Ex. : dû : devoir

a. ...................  b. ...................  c. ...................  d. ...................
e. ...................  f. ...................  g. ...................  h. ...................
i. ...................  j. ...................  k. ...................  l. ...................
m. .................. n. ................... o. ...................  p. ...................

Raconter une expérience  Séquence 16  A1

## 7 Le passé composé

**Conjuguez les verbes entre parenthèses au passé composé pour présenter le bilan (plusieurs possibilités).**

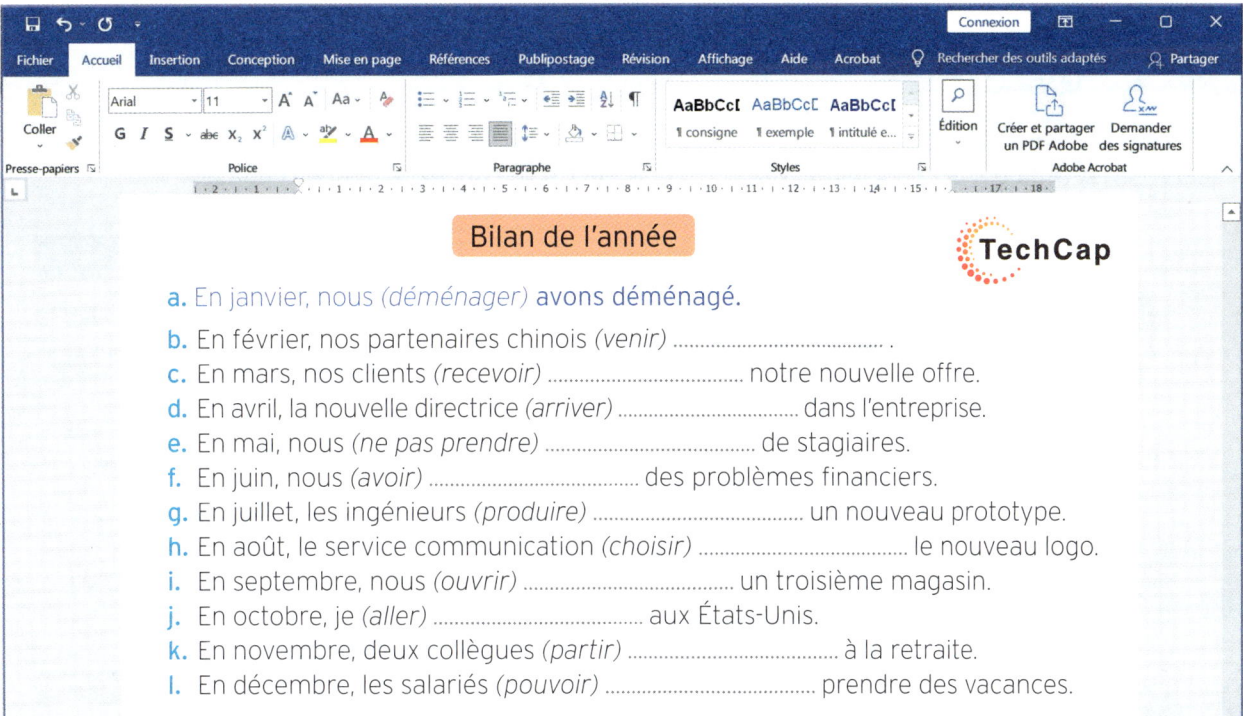

Bilan de l'année

a. En janvier, nous *(déménager)* **avons déménagé**.
b. En février, nos partenaires chinois *(venir)* ..................................... .
c. En mars, nos clients *(recevoir)* ..................................... notre nouvelle offre.
d. En avril, la nouvelle directrice *(arriver)* ..................................... dans l'entreprise.
e. En mai, nous *(ne pas prendre)* ..................................... de stagiaires.
f. En juin, nous *(avoir)* ..................................... des problèmes financiers.
g. En juillet, les ingénieurs *(produire)* ..................................... un nouveau prototype.
h. En août, le service communication *(choisir)* ..................................... le nouveau logo.
i. En septembre, nous *(ouvrir)* ..................................... un troisième magasin.
j. En octobre, je *(aller)* ..................................... aux États-Unis.
k. En novembre, deux collègues *(partir)* ..................................... à la retraite.
l. En décembre, les salariés *(pouvoir)* ..................................... prendre des vacances.

## 8 Le passé composé

**Complétez les phrases au passé composé, comme dans l'exemple (plusieurs possibilités).**

Ex. : Aujourd'hui, tu arrives à l'heure. Hier, tu **es arrivé(e)** en retard.

a. Ce soir, nous partons à 17 h 30. Hier soir, nous ..................................... à 18 heures.
b. Cette semaine, nous devons acheter du papier. La semaine dernière, nous ..................................... de l'encre.
c. L'année dernière, nous ..................................... beaucoup de tables en verre. Cette année, nous vendons beaucoup de tables en bois.
d. Vendredi, Nina va en Allemagne. La semaine dernière, elle ..................................... en Italie.
e. Ce matin, je/j' ..................................... ma collaboratrice. Cet après-midi, je vois mon responsable.
f. Hier, vous ..................................... sept livraisons. Aujourd'hui, vous faites quatre livraisons.

### Phonie-graphie

**La distinction entre passé composé et présent des verbes en -er**

**9 A.** 🎧 055 Écoutez. Dans quel ordre entendez-vous les verbes ? Répétez.

Ex. : je tombe / je suis tombé

|  | Ex. | 1. | 2. | 3. | 4. | 5. | 6. |
|---|---|---|---|---|---|---|---|
| Présent | 1 | | | | | | |
| Passé composé | 2 | | | | | | |

**B.** 🎧 056 Écoutez. À l'oral, transformez au présent ou au passé composé.

Ex. : je cherche → j'ai cherché

1. elles sont arrivées → elles ...
2. tu as regardé → tu ...
3. il travaille → il a ...
4. ils participent → ils ont ...
5. j'ai rencontré → je ...
6. tu entres → tu es ...

Au présent, pour les verbes en -er, on ne prononce pas les terminaisons -e, -es, -e, -ent pour *je, tu, il/elle/on, ils/elles*.

Exemple : ils regard**ent**.

# SÉQUENCE 17 — Présenter son parcours professionnel

## COMPRÉHENSION ÉCRITE

**1** Marc Verlet rédige son curriculum vitæ (CV). Lisez le CV et cochez la bonne réponse.

**MARC VERLET**
**Responsable marketing**

*Bonne connaissance des techniques de vente*

*Maîtrise des outils bureautique (Excel, Prospectin, Meet, Tilkee…)*

### EXPÉRIENCES

- **RESPONSABLE MARKETING / TELEFONY** — 2015-2022
Gestion des relations et du budget publicité – rédaction des communiqués de presse – promotion des produits et de la marque
Marseille - France

- **COMMERCIAL / À DEUX PAS** — 2010-2014
Prospection de nouveaux clients – analyse des besoins clients
Toulouse - France

- **STAGE DÉVELOPPEMENT COMMERCIAL / MAX** — Mars-Août 2010
Participation aux rendez-vous clients – élaboration des offres commerciales
Londres - Angleterre

### FORMATION

CERTIFICATION EN RESPONSABLE MARKETING – Lyon - France — 2014
BTS NÉGOCIATION ET RELATION CLIENT – Toulouse - France — 2010

a. Marc a étudié l'anglais à Londres.
1. ☐ Vrai   2. ☐ Faux

b. Il a eu une première expérience professionnelle en Angleterre.
1. ☐ Vrai   2. ☐ Faux

c. Il est commercial.
1. ☐ Vrai   2. ☐ Faux

d. Il a travaillé pendant sept ans comme assistant marketing.
1. ☐ Vrai   2. ☐ Faux

e. Il décrit ses qualités personnelles.
1. ☐ Vrai   2. ☐ Faux

f. Il est à l'aise dans la vente.
1. ☐ Vrai   2. ☐ Faux

## ENTRAÎNEMENT

### Manières de dire

**2** 🎧 057 Écoutez les phrases et complétez le tableau.

Ex. : Je suis diplômé en commerce international.

| Décrire… | Ex. | a. | b. | c. | d. | e. | f. |
|---|---|---|---|---|---|---|---|
| sa formation | X | | | | | | |
| son parcours professionnel | | | | | | | |
| ses compétences professionnelles | | | | | | | |
| ses qualités personnelles | | | | | | | |

## Vocabulaire

### 3. Le recrutement

**Associez comme dans l'exemple.**

Ex. : avoir des qualités → image 6

a. postuler → ..................
b. un curriculum vitae → ..................
c. une embauche → ..................
d. être diplomé(e) → ..................
e. quitter un poste → ..................
f. passer un entretien → ..................

1  2  3  4  5  6  7

### 4. Complétez le mail avec : ~~diplôme~~, entretien, expérience, poste, postulé, recrute, secteur.

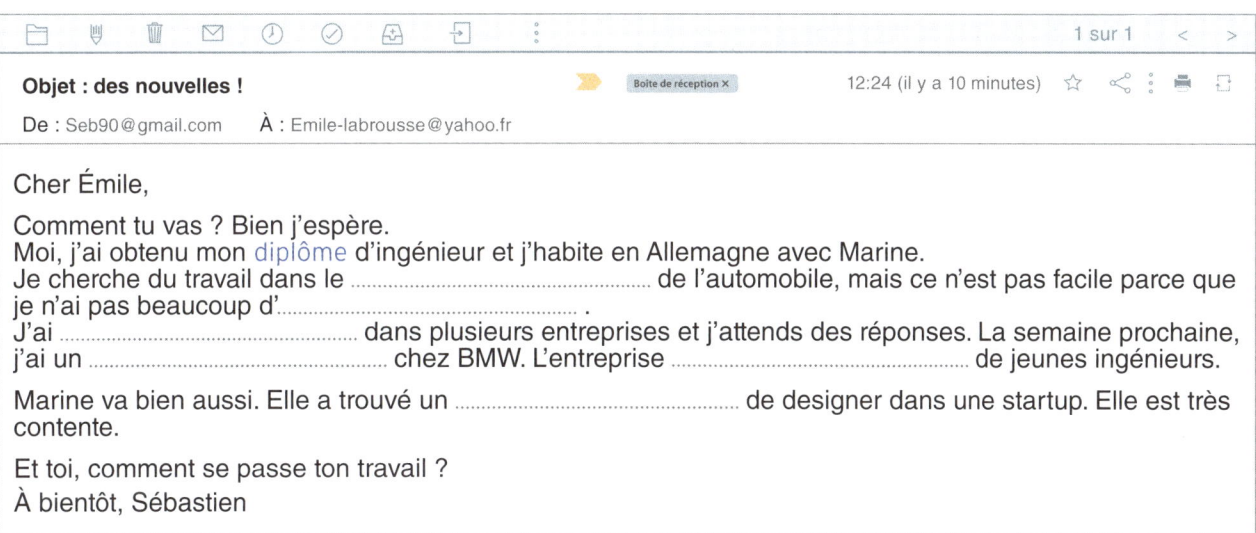

Objet : des nouvelles !
De : Seb90@gmail.com   À : Emile-labrousse@yahoo.fr

Cher Émile,

Comment tu vas ? Bien j'espère.
Moi, j'ai obtenu mon diplôme d'ingénieur et j'habite en Allemagne avec Marine.
Je cherche du travail dans le .................. de l'automobile, mais ce n'est pas facile parce que je n'ai pas beaucoup d'.................. .
J'ai .................. dans plusieurs entreprises et j'attends des réponses. La semaine prochaine, j'ai un .................. chez BMW. L'entreprise .................. de jeunes ingénieurs.
Marine va bien aussi. Elle a trouvé un .................. de designer dans une startup. Elle est très contente.
Et toi, comment se passe ton travail ?
À bientôt, Sébastien

### 5. Le travail et le digital

**Associez pour trouver les expressions du travail et du digital.**

a. effectuer   b. développer   c. une agence   d. l'analyse de   e. les langages   f. les nouvelles   g. un(e) chef(fe)

1. web   2. un site   3. de projets   4. données   5. une mission   6. technologies   7. informatiques

## Grammaire

### 6. La forme interrogative formelle au passé composé

**Transformez les questions en questions formelles.**

Ex. : Vous êtes resté dans l'équipe combien de temps ? → Combien de temps êtes-vous resté dans l'équipe ?

a. Vous avez quitté la finance quand ? → ..................
b. Pourquoi est-ce que vous êtes resté dans l'entreprise ? → ..................
c. Vous avez fait quoi pendant cette mission ? → ..................
d. Vous avez travaillé dans quelles entreprises ? → ..................
e. Vous êtes arrivé comment dans ce domaine ? → ..................
f. Vous avez aimé votre expérience à l'étranger ? → ..................

Séquence 17    Présenter son parcours professionnel

## 7. Les verbes *monter / descendre, entrer / sortir, passer, retourner* au passé composé

🎧 058 Écoutez l'infinitif et cochez comme dans l'exemple.

Ex. : travailler

| Le verbe se conjugue avec… | Ex. | a. | b. | c. | d. | e. | f. |
|---|---|---|---|---|---|---|---|
| être | | | | | | | |
| avoir | × | | | | | | |
| être ou avoir | | | | | | | |

### Conjugaison

## 8. Le verbe *finir* au présent de l'indicatif

**Conjuguez les verbes entre parenthèses.**

Ex. : Je *(finir)* finis mes études cette année.

a. Ils *(réfléchir)* ............................................. à un nouveau projet.
b. Tu *(finir)* ............................................. le travail à quelle heure aujourd'hui ?
c. Nous *(choisir)* ............................................. une candidature intéressante.
d. Elle *(réfléchir)* ............................................. aux qualités importantes pour le poste.
e. Vous *(finir)* ............................................. la présentation du nouveau produit.

## 9. Le présent continu

**Complétez avec les verbes *étudier*, *compléter*, *quitter*, *s'inscrire*, *envoyer* ou *monter* au présent continu.**

Ex. : – Tu recherches un nouveau chef de projet digital ?
– Oui, je **suis en train d'étudier** plusieurs candidatures.

a. – Que font-ils pour développer la marque ?
– Ils ............................................. un site de vente en ligne.

b. – Elle ............................................. son poste ?
– Oui, elle ne veut plus travailler dans ce secteur.

c. – Tu ne viens pas déjeuner avec nous ?
– Non, je ............................................. dans une entreprise d'intérim.

d. – Marc, je t'attends pour commencer la réunion ?
– Non, je ............................................. un mail, j'arrive dans cinq minutes.

e. – Vous ............................................. le fichier client ?
– Oui, nous devons envoyer les invitations cette semaine.

### Phonie-graphie

#### Les nasales [ɛ̃] comme *cinq* et [ɑ̃] comme *cent*

**10.** A. 🎧 059 Écoutez. Entourez le son [ɛ̃] comme cinq [sɛ̃k]. Soulignez le son [ɑ̃] comme cent [sɑ̃].

Ex. : Elle participe au recrutem**en**t d'une c**an**didate **en** (**in**)terne.

1. J'aime bien les langages informatiques, c'est sympa !
2. C'est important de lancer maintenant votre site Internet.
3. Pendant cinq ans, j'ai travaillé dans le secteur de l'industrie.
4. Je suis en train de passer mon entretien d'embauche pour travailler en intérim.

[ɛ̃] ➔ = bouche souriante
[ɑ̃] O = bouche arrondie

B. Répétez les phrases.

# SÉQUENCE 18 — Raconter ses vacances

**A1**

## COMPRÉHENSION ORALE

**1.** 🎧 Lisez l'échange et écoutez le message vocal de Costanza et Nico. Cochez la bonne réponse.

a. ▸ Nico et Costanza sont partis en…
1. ☐ Pologne.  2. ☐ Dordogne.  3. ☐ Catalogne.

b. ▸ Il fait quel temps le jour du message vocal ?
1. ☐ ☁️  2. ☐ 🌧️  3. ☐ ☀️

c. ▸ Quel est l'avis de Nico et Costanza sur la gastronomie ?
1. ☐ Ce n'est pas bon.
2. ☐ Ce n'est pas très bon.
3. ☐ C'est très bon.

d. ▸ À la colline du Wawel, Nico et Costanza n'ont pas pu…
1. ☐ prendre le bus.
2. ☐ profiter de la vue.
3. ☐ visiter les monuments.

e. ▸ Quel lieu Nico et Costanza vont visiter avant de rentrer à Marseille ?
1. ☐ Un jardin  2. ☐ Un musée  3. ☐ Un quartier

## ENTRAÎNEMENT

### Manières de dire

**2.** Légendez les photos de vacances avec : Ce n'est pas très cher / Il fait beau / ~~Il fait froid~~ / Il fait mauvais / Je me suis bien reposé / On s'est baignés / On s'est promenés.

A — Ex. : Il fait froid.

B — ..................

C — ..................

D — ..................

E — ..................

F — ..................

G — ..................

# Séquence 18 — Raconter ses vacances

## Vocabulaire

### 3. La chronologie

**Reconstituez ce témoignage au sujet d'un week-end à La Baule.**

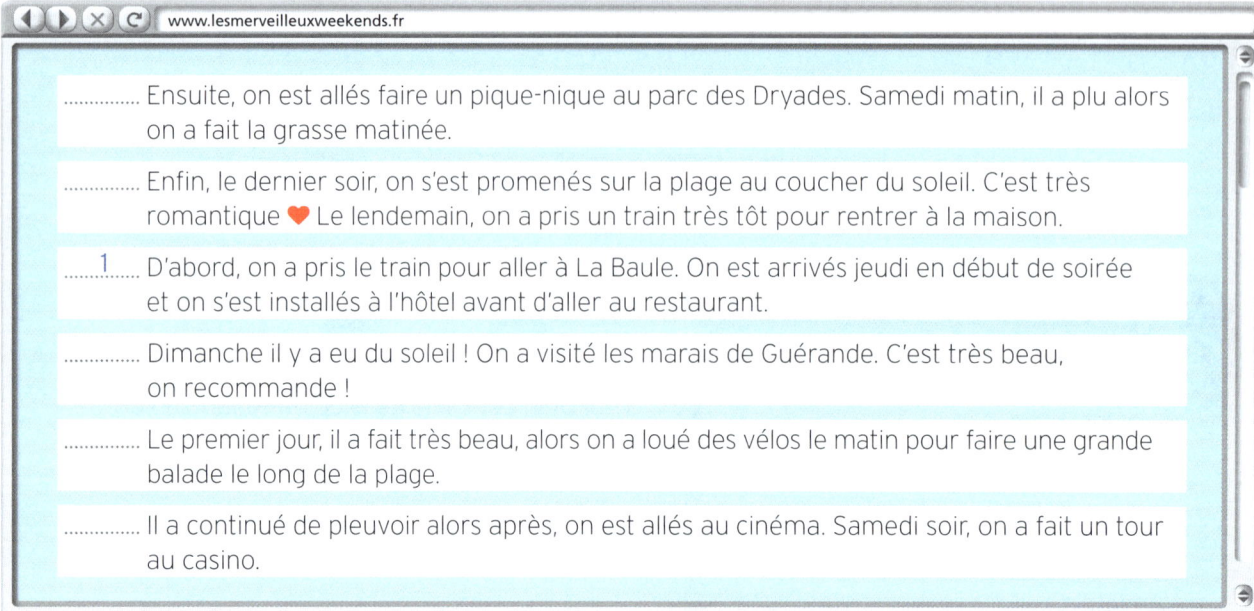

- ......... Ensuite, on est allés faire un pique-nique au parc des Dryades. Samedi matin, il a plu alors on a fait la grasse matinée.
- ......... Enfin, le dernier soir, on s'est promenés sur la plage au coucher du soleil. C'est très romantique ♥ Le lendemain, on a pris un train très tôt pour rentrer à la maison.
- ...1... D'abord, on a pris le train pour aller à La Baule. On est arrivés jeudi en début de soirée et on s'est installés à l'hôtel avant d'aller au restaurant.
- ......... Dimanche il y a eu du soleil ! On a visité les marais de Guérande. C'est très beau, on recommande !
- ......... Le premier jour, il a fait très beau, alors on a loué des vélos le matin pour faire une grande balade le long de la plage.
- ......... Il a continué de pleuvoir alors après, on est allés au cinéma. Samedi soir, on a fait un tour au casino.

### 4. Les sensations

**Associez les images aux sensations.**

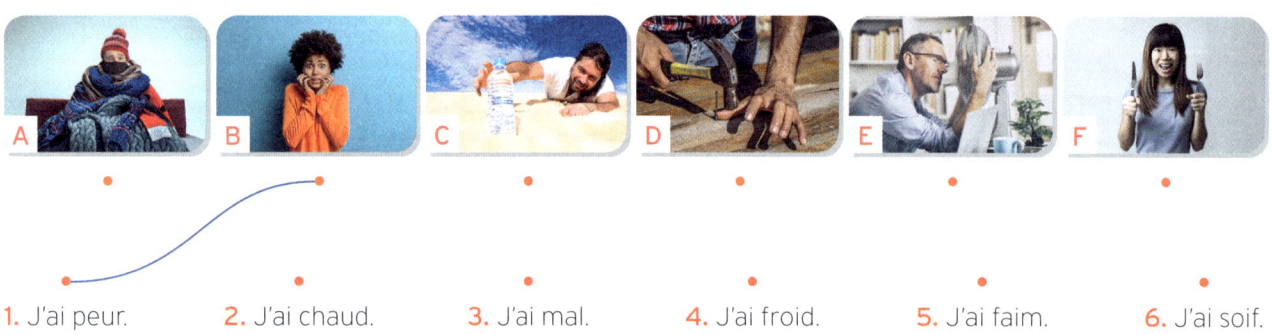

A   B   C   D   E   F

1. J'ai peur.   2. J'ai chaud.   3. J'ai mal.   4. J'ai froid.   5. J'ai faim.   6. J'ai soif.

## Grammaire

### 5. Les nombres ordinaux

**Complétez les phrases avec un nombre ordinal.**

Ex. : On se souvient toujours de son (1) **premier** amour.

a. Le cinéma, c'est le (7) ......................................... art.

b. Guy de Maupassant est l'auteur de (1) ......................................... *neige*.

c. La (9) ......................................... *symphonie* de Beethoven est très célèbre.

d. « Être au (36) ......................................... dessous » signifie « ne pas aller bien ».

e. Pour la (100) ......................................... fois, ne mange pas de chocolat avant le dîner !

f. Le (10) ......................................... *homme* est un film de 2005 avec Anthony Hopkins.

## 6 Parce que / Alors

**Transformez les causes en conséquences et les conséquences en causes.**

Ex. : Je me repose parce que je suis fatigué. → Je suis fatigué, alors je me repose.

a. Alex s'est perdu parce qu'il n'a pas regardé l'itinéraire.

   → ............................................................................................................................................................

b. Patrick ne connaît pas la Suisse, alors il regarde des forums de voyage.

   → ............................................................................................................................................................

c. Peter et Max prennent une bouteille d'eau parce qu'il va faire très chaud.

   → ............................................................................................................................................................

d. Vous prenez le train à 6 h 30 alors vous devez vous lever très tôt.

   → ............................................................................................................................................................

e. Ils sont en retard parce qu'ils n'ont pas vu l'heure.

   → ............................................................................................................................................................

f. C'est ton anniversaire, alors je te fais un cadeau.

   → ............................................................................................................................................................

## Conjugaison

### 7 Le passé composé des verbes pronominaux

**Transformez les phrases à la forme négative avec le sujet indiqué.**

Ex. : Jack s'est amusé. → Juliette ne s'est pas amusée.

a. Eleanora s'est baignée. → Mon frère et ma sœur ...........................................................................

b. Nicolo et Angelo se sont reposés. → Costanza ...............................................................................

c. Ludovica et Faridah se sont promenées. → Tom et moi, on ...........................................................

d. Je me suis inscrite à un voyage organisé. → Pablo ........................................................................

e. Kostos et Lena se sont rencontrés en Grèce. → Simon et Léa .......................................................

f. Théo s'est levé à 9 heures. → Cléa et Angela .................................................................................

## Phonie-graphie

### L'orthographe des mots invariables

**8** 🎧 061 **Écoutez et complétez le texte avec les mots entendus.**

Pendant mes vacances, je n'ai pas eu de chance ........................................ il n'a pas fait très beau. Il a fait froid. Le dernier jour, il a plu ........................................ je ne suis pas sorti. ........................................, j'ai regardé la télé et ........................................ j'ai préparé à manger. J'ai dormi un peu dans l'après-midi. ........................................, j'ai fait un peu de ménage. Je ne me suis pas ........................................ amusé.

# Bilan 6

## Structures de la langue

**Cochez la bonne réponse.**

1. Pour consulter les avis clients de TopBrico, il faut aller sur le site … magasin.
   a. ☐ du
   b. ☐ d'un
   c. ☐ de la
   d. ☐ des

2. Fred … allé retirer la commande en magasin.
   a. ☐ ai
   b. ☐ a
   c. ☐ es
   d. ☐ est

3. Les commandes sont … en retard.
   a. ☐ arrive
   b. ☐ arrivés
   c. ☐ arrivée
   d. ☐ arrivées

4. Alice a … Karine hier.
   a. ☐ vu
   b. ☐ vue
   c. ☐ vus
   d. ☐ vues

5. Federica … un an en Bulgarie.
   a. ☐ ai passé
   b. ☐ a passé
   c. ☐ est passé
   d. ☐ est passée

6. Ludwig et Cora … dans l'avion pour Sydney.
   a. ☐ ont monté
   b. ☐ ont montés
   c. ☐ sont montés
   d. ☐ sont montées

7. On … une mission de 2 mois.
   a. ☐ fini
   b. ☐ finis
   c. ☐ finit
   d. ☐ finissons

8. Tu es en train … travailler sur le projet ?
   a. ☐ à
   b. ☐ de
   c. ☐ dans
   d. ☐ pour

9. Je … dans l'océan.
   a. ☐ suis baigné
   b. ☐ suis baignée
   c. ☐ me suis baigné
   d. ☐ me suis baignée

10. Il pleut … il a pris son parapluie.
    a. ☐ pour
    b. ☐ alors
    c. ☐ parce qu'
    d. ☐ parce que

11. Il neige … c'est l'hiver.
    a. ☐ pour
    b. ☐ alors
    c. ☐ parce qu'
    d. ☐ parce que

12. Les filles ne … hier.
    a. ☐ se sont ennuyées
    b. ☐ sont pas ennuyées
    c. ☐ se sont pas ennuyées
    d. ☐ se sont-elles pas ennuyées

13. Il fait 40° C, il … chaud.
    a. ☐ va
    b. ☐ est
    c. ☐ fait
    d. ☐ faut

14. Il y a de gros nuages gris, il va bientôt…
    a. ☐ plu.
    b. ☐ pleure.
    c. ☐ pleurer.
    d. ☐ pleuvoir.

15. J'ai … , je dois boire de l'eau !
    a. ☐ mal
    b. ☐ soif
    c. ☐ faim
    d. ☐ peur

Mon score ……… /15

# Bilan 6 — A1

## Compréhension orale

**062** Écoutez et corrigez les erreurs dans les fiches des candidats.

|  | Alex Fiorini | Rodrigo Zavaleta |
|---|---|---|
| Langues parlées | bilingue français-italien<br>portugais : niveau C1<br>anglais : niveau C1 | trilingue français-anglais-espagnol<br>italien : niveau B2 |
| Formation | Diplômé d'un Master de tourisme | Diplômé d'une Licence de tourisme |
| Expériences professionnelles | A effectué des visites guidées à Lisbonne et à Porto pendant 2 ans | Intérim dans l'entreprise pendant 6 mois (zone Europe du Nord)<br>A beaucoup voyagé en Espagne (Sud) |
| Qualités personnelles | Organisé • À l'écoute • Sait travailler en équipe | Rigoureux • Curieux |

Mon score ........ /5

## Compréhension écrite

**Lisez l'article et cochez la bonne réponse.**

www.recruter.org/recrutement/stratégies

### Bien recruter : les stratégies

**• Rédigez des documents précis**
La description du poste doit être complète et claire : elle doit décrire les missions et les tâches, mais aussi l'environnement de travail. Elle est utile pour comprendre le rôle et les responsabilités du futur collaborateur dans l'entreprise.
Le profil du poste doit aussi être complet et clair. Ce document représente votre candidat idéal pour le poste. Il indique la formation, la qualification et les compétences recherchées. Sa fonction principale est de fixer des critères pour sélectionner les candidats.

**• Ne vous arrêtez pas au CV**
Élément important du processus de recrutement, le CV permet de voir le parcours professionnel et la formation d'un candidat. Il permet au recruteur de faire connaissance avec les différents profils en quelques secondes.
Mais attention, il ne faut pas sélectionner les candidats uniquement avec le CV, parce qu'il ne montre pas la personnalité et la motivation des gens. Un bon candidat n'est pas toujours la personne avec le plus d'expérience !

**• Mettez en place des évaluations**
Vous voulez observer les aptitudes d'un candidat en temps réel, avant de l'embaucher ? Il est possible de mettre en place des tests pratiques pour identifier ses compétences réelles. Grâce à des mises en situation, vous pouvez mesurer la performance d'un collaborateur potentiel.

**1. Cet article s'adresse à…**
a. ☐ des candidats.
b. ☐ des employés.
c. ☐ des recruteurs.

**2. Quel document indique les responsabilités de l'employé ?**
a. ☐ Le CV
b. ☐ Le profil du poste
c. ☐ La description du poste

**3. On établit la candidature idéale grâce…**
a. ☐ au CV.
b. ☐ au profil du poste.
c. ☐ à la description du poste.

**4. Le CV est utile parce qu'il permet de…**
a. ☐ recruter le candidat avec une longue expérience professionnelle.
b. ☐ sélectionner immédiatement les profils des candidats intéressants.
c. ☐ connaître rapidement l'expérience professionnelle des différents candidats.

**5. Les évaluations permettent…**
a. ☐ aux candidats d'apprendre à se connaître entre eux.
b. ☐ au candidat de montrer ses aptitudes concrètes au recruteur.
c. ☐ au recruteur de tester les connaissances théoriques des candidats.

Mon score ........ /5

## SÉQUENCE 19 — Présenter un produit

### COMPRÉHENSION ÉCRITE

**1** Lisez les publicités d'un magazine.

**C'EST NOUVEAU !**

La pollution, la lumière bleue, les UVA et les UVB sont mauvais pour notre peau. Pour la protéger, **MARIALY** lance un nouveau lait-crème pour le corps. Avec sa formule composée d'ingrédients d'origine naturelle, ce produit hydrate et protège la peau. Le lait-crème multiprotection convient à tous les types de peau.

**LES PRODUITS DU MOIS !**

Le gel douche Pur 0 % de la marque **ECOVERT** ne contient pas de savon et pas de colorant. Il convient aux peaux sèches et sensibles de toute la famille. Ce produit respecte l'environnement : 97 % des ingrédients sont naturels et le flacon est 100 % recyclable.

Vos enfants ont les cheveux très secs ? **KIDFRIZZ** a trouvé la solution avec ce shampoing doux à base d'huiles végétales. Il est parfumé à la fleur de lotus et il ne pique pas les yeux. Se laver les cheveux devient un moment de plaisir !

**A.** Associez les produits aux photos.

Produit Marialy • Produit Ecovert • Produit Kidfrizz •

1.

2.

3.

**B.** Cochez toutes les réponses possibles.

|  | Pour laver | Contient des ingrédients naturels | Parfum végétal | Pour tous | Contenant écoresponsable |
|---|---|---|---|---|---|
| Produit Marialy |  |  |  |  |  |
| Produit Ecovert |  |  |  |  |  |
| Produit Kidfrizz |  |  |  |  |  |

### ENTRAÎNEMENT

#### Manières de dire

**2** 🎧 063 Écoutez. Associez les personnes aux informations qu'elles donnent.

a. Les caractéristiques physiques d'un objet : ....................
b. La composition d'un produit : ....................
c. Un ou des avantage(s) : Personne 1, ....................
d. Une échéance : ....................

# Vocabulaire

## 3 Les formes

**Corrigez les formes dans les légendes des produits.**

Ex. : Nos produits de la mer sont vendus dans des boîtes **carrées** en fer. → ovales.

a.  Votre pizza est livrée dans une boîte **rectangulaire**. → ..................................

b.  Nouveauté : crème bio pour les mains. Contenant : pot **carré** de 100 ml. → ..................................

c. Découvrez ce parfum pour homme dans son flacon **ovale**. → ..................................

d.  Un joli vase **rond** en verre pour votre intérieur ! → ..................................

e.  Nous servons nos burgers dans des boîtes **triangulaires** en carton recyclé. → ..................................

## 4 Le marketing et la promotion

Complétez le compte-rendu avec : ~~campagne~~, commerciaux, consommateurs, influenceurs, lancement, réseaux sociaux, supermarchés.

> **Compte-rendu de réunion**
>
> En mai, nous allons commencer notre campagne pour le .......................... de notre nouveau déodorant Pschitt.
> Anabelle va contacter les .......................... qui travaillent avec nous. Ils vont faire des vidéos sur les .......................... .
> Les .......................... vont rencontrer les .......................... dans les .......................... la semaine du 15 juin.

# Grammaire

## 5 Le pronom relatif *qui*

**Associez pour indiquer les caractéristiques des objets.**

a. J'achète une machine à café qui • • 1. sont réutilisables.
b. On a mangé des gâteaux qui • • 2. ne consomme pas beaucoup d'essence.
c. Il a un ordinateur qui • • 3. ne contiennent pas trop de sucre.
d. Nous vendons des gobelets qui • • 4. respecte ma peau.
e. J'utilise un savon qui • • 5. pèse moins de deux kilos.
f. Je conduis une voiture qui • • 6. fonctionne avec des capsules.

Séquence 19   Présenter un produit

## 6. Les adjectifs indéfinis *tout, toute, tous, toutes*

**Entourez l'article indéfini correct.**

Ex. : Je consulte les réseaux sociaux tout / toute /(tous)/ toutes les jours.

a. Emmanuel a contacté tout / toute / tous / toutes les entreprises de notre quartier.
b. Nous indiquons tout / toute / tous / toutes les ingrédients sur les étiquettes de nos produits.
c. Aujourd'hui, je travaille tout / toute / tous / toutes la journée avec les commerciaux.
d. Vous pouvez avoir tout / toute / tous / toutes le programme de la conférence sur notre site.
e. Il y a des supermarchés dans tout / toute / tous / toutes la ville.
f. Tout / Toute / Tous / Toutes les produits de la gamme sont naturels.

## 7. Les pronoms personnels COD *le, la, l', les*

**Mettez les mots dans l'ordre. Ajoutez les majuscules et la ponctuation.**

Ex. : l' / nos / clients / adorer / vont → Nos clients vont l'adorer.

a. l' / beaucoup / apprécient / influenceurs / les → ....................
b. le / vous / pas / pourquoi / ne / présentez / ? → ....................
c. clients / vont / le / demain / découvrir / les → ....................
d. tu / l' / est-ce que / acheter / ? / veux → ....................
e. ne / nous / pas / connaissons / le → ....................
f. pouvez / vendre / ne / cher / pas / le / trop / vous → ....................

## 8. Les pronoms personnels COD et le pronom relatif *qui*

**Complétez les dialogues avec *le, la, l', les* ou *qui*.**

a.
– La femme qui est à côté de Paul et ............ discute avec Luc, tu ............ connais ?
– Oui. C'est Camille Tran. C'est elle ............ va présenter notre nouveau catalogue.

b.
– Bonjour, je cherche un sac ............ peut contenir mon ordinateur et mes dossiers.
– Je vous propose ce sac. Je ............ trouve très élégant et il est léger.

c.
– Les influenceurs, on ............ convoque lundi ou mardi ?
– Mardi, parce que Sabine veut ............ inviter avec la personne ............ va faire la vidéo sur YouTube.

d.
– Tu utilises ce shampoing ?
– Non. Je ne ............ aime pas parce qu'il contient des produits ............ ne sont pas naturels.

## Phonie-graphie

### L'orthographe de *tout, tous, toute, toutes*

**9.** 🎧 064  **Écoutez et entourez le mot correct.**

Ex. : Tous mes collègues sont en réunion. → tout /(tous)

a. tout / tous
b. toute / toutes
c. tout / toute
d. Tous / Toutes
e. tout / toute
f. tout / tous
g. tous / toutes
h. Toute / Toutes

# SÉQUENCE 20 — Indiquer de bonnes pratiques

A2

## COMPRÉHENSION ORALE

**1** 🎧 065 Écoutez le podcast sur l'accueil des stagiaires et cochez les bonnes réponses.

**a.** Quentin Poustin est…
1. ☐ un tuteur.
2. ☐ un stagiaire.
3. ☐ un conseiller.

**b.** Quel élément permet un accueil réussi ?
1. ☐ L'échange avec les stagiaires
2. ☐ La discussion avec les collègues
3. ☐ La communication entre les tuteurs

**c.** Bien accueillir un(e) stagiaire est important…
1. ☐ parce que le tuteur va être évalué.
2. ☐ parce que l'entreprise va peut-être le recruter.
3. ☐ parce qu'il va traiter des dossiers avec des clients importants.

**d.** Un(e) stagiaire mal accueilli(e) peut…
1. ☐ critiquer le tuteur.
2. ☐ décider de mal travailler.
3. ☐ donner une mauvaise image de l'entreprise.

**e.** Selon Quentin Poustin, quels sont les trois points à aborder pendant l'accueil ?
1. ☐ Les tâches à accomplir
2. ☐ Le règlement à respecter
3. ☐ Le processus de recrutement
4. ☐ La présentation de l'entreprise
5. ☐ Les horaires de la pause déjeuner
6. ☐ Les dates de fermeture de l'entreprise

## ENTRAÎNEMENT

### Manières de dire

**2 A.** 🎧 066 Écoutez et indiquez si les personnes conseillent ou déconseillent.

Ex. : Faites-lui visiter les locaux.

|              | Ex. | 1. | 2. | 3. | 4. | 5. | 6. |
|--------------|-----|----|----|----|----|----|----|
| Conseiller   | ✗   |    |    |    |    |    |    |
| Déconseiller |     |    |    |    |    |    |    |

**B.** 🎧 066 Réécoutez. Associez chaque phrase entendue à son rappel ou à sa nécessité.

a. Rappelez-vous que votre stagiaire ne connaît pas l'entreprise. → Phrase exemple : Faites-lui visiter les locaux.

b. N'oubliez pas qu'elle est peu expérimentée. → phrase ...............

c. N'oubliez pas que votre stagiaire est nouveau dans l'entreprise. → phrase ...............

d. Rappelez-vous que votre stagiaire n'a pas de salaire. → phrase ...............

e. Il faut les former à des tâches variées. → phrase ...............

f. Vous devez les aider. → phrase ...............

g. C'est indispensable pour leur formation professionnelle. → phrase ...............

soixante-treize | 73

# Séquence 20 — Indiquer de bonnes pratiques

## Vocabulaire

### 3. Le stage

**Retrouvez des expressions similaires.**

Ex. : Recevoir un(e) stagiaire = **accueillir** un(e) stagiaire

a. Apprendre des contenus théoriques nouveaux = A _ q _ _ _ i _ des c _ n _ _ _ _ _ _ _ _ _ _ s

b. Apprendre des techniques nouvelles = D _ v _ _ _ _ _ e _ des c _ _ p _ _ _ _ _ _ _

c. Être face à un problème = R _ _ c _ _ t _ _ _ une d _ _ f _ _ _ _ _ _ _

d. Une activité dans le cadre professionnel = Une t _ _ h _ , une m _ _ _ _ _ o _

e. Avoir de l'expérience = Ê _ _ _ e _ _ _ r _ _ _ _ _ _ é(e)

f. Apprendre les techniques d'un nouveau métier = S _ f _ _ m _ _ à un n _ _ v _ _ _ _ m _ _ _ e _

### 4. Les actions au travail

**Complétez les conseils avec : accompagner, écouter, féliciter, former, montrer les outils, présenter à l'équipe, proposer un déjeuner, ~~suivre son évolution~~, valoriser.**

Ex. : Faites des points réguliers avec votre stagiaire pour suivre son évolution.

a. Vous devez échanger avec votre stagiaire : vous devez l'............................ .

b. Il ne faut pas laisser votre stagiaire travailler seul : il faut le ............................ et l'............................ .

c. C'est important de ............................ une tâche bien exécutée et de ............................ votre stagiaire.

d. Vous devez ............................ nécessaires à son travail.

e. C'est nécessaire de le ............................ pour bien intégrer votre stagiaire.

f. Le premier jour, vous pouvez lui ............................ pour faire connaissance.

## Grammaire

### 5. Les pronoms compléments indirects (COI) *lui* et *leur*

**A. Vous parlez de votre stagiaire. Complétez par un pronom COD ou un pronom COI.**

Ex. : Je **lui** souhaite la bienvenue. / Je **l'**écoute.

**Mon stagiaire**

1. Je ............ présente.
2. Je ............ montre les dossiers.
3. Je ............ encourage.
4. Je ............ propose mon aide.
5. Je ............ apprécie.
6. Je ............ remercie.

Indiquer de bonnes pratiques  **Séquence 20**  **A2**

**B.** Dans les phrases de l'activité **A**, remplacez *mon stagiaire* par *ma stagiaire*, puis par *mes stagiaires*.

| Ma stagiaire | Mes stagiaires |
|---|---|
| Ex. : Je **lui** souhaite la bienvenue. | Je **leur** souhaite la bienvenue. |

## 6 La place des pronoms COD ou COI à l'impératif

Mettez les mots dans l'ordre pour former des phrases à l'impératif. Attention à la place du pronom et au trait d'union ! Ajoutez les majuscules et la ponctuation.

Ex. : missions / leur / précises / donnez / des → Donnez-leur des missions précises.

a. la / l'équipe / à / présentez → ........................

b. à / proposez / la cantine / lui / de déjeuner → ........................

c. de participer / demandez / aux réunions / leur → ........................

d. le / ne / seul / pas / laissez / travailler → ........................

e. pas de / donnez / ne / tâches difficiles / leur → ........................

f. ne / travailler / les / pas / faites / le week-end → ........................

## 7 La conjonction *si*

Associez les hypothèses et les conséquences comme dans l'exemple.

**Hypothèses**

a. Si tu ne sais pas faire le travail demandé,
b. Si tu as besoin des documents pour ce projet,
c. Si tu dois faire des photocopies,
d. Si tu as des questions sur l'entreprise,
e. Si tu veux un café,
f. Si tu souhaites partir à 17 heures,
g. Si tu veux ton attestation de stage,

**Conséquences**

1. utilise l'imprimante du premier étage.
2. il y a un distributeur de boissons dans le couloir.
3. tu dois demander la permission à ton responsable.
4. pose-les à tes collègues.
5. je peux t'aider.
6. va au service des ressources humaines.
7. regarde dans le dossier « projet actuel ».

## Phonie-graphie

### La distinction entre *le, les, leur*

**8** 🎧 067 Écoutez et complétez avec *le, les* ou *leur*.

Ex. : Faites-............ visiter les locaux. → Faites-**leur** visiter les locaux.

a. Tu vas ............ former ?

b. Aidez-............ si nécessaire.

c. Je ne ............ connais pas bien.

d. Je ............ explique le travail à faire.

e. Le directeur va ............ recevoir dans cinq minutes.

f. Vous ............ proposez un rendez-vous dans la semaine.

# SÉQUENCE 21 — Décrire une tenue

## COMPRÉHENSION ÉCRITE

**1** Lisez les mails entre les deux amies, Mélody et Émilie. Cochez ou écrivez la bonne réponse.

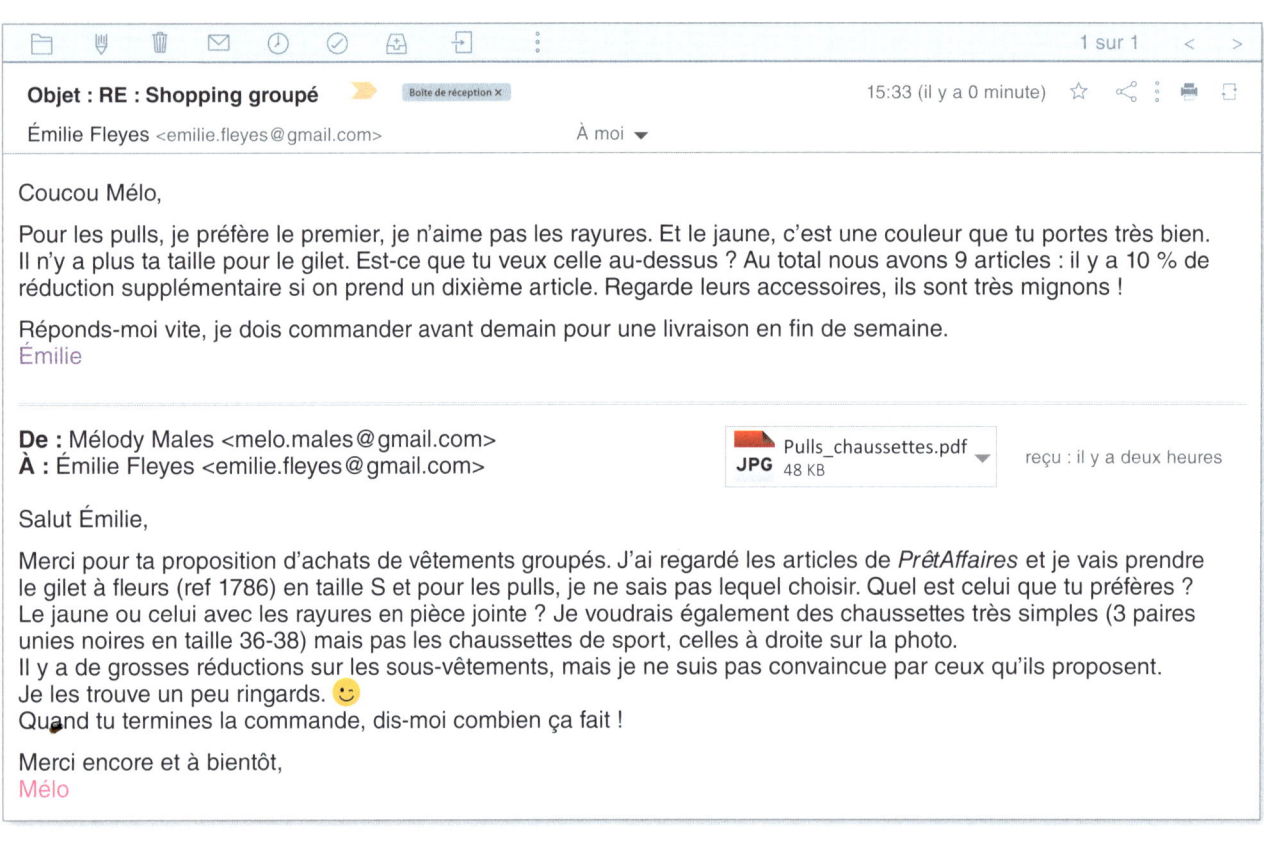

a. ◼ Mélody et Émilie achètent des vêtements ensemble.
1. ☐ Vrai    2. ☐ Faux

b. ◼ Mélody aime tous les vêtements de *PrêtAffaires*.
1. ☐ Vrai    2. ☐ Faux

c. ◼ Pourquoi ?
................................................................
................................................................

d. ◼ Pour le gilet, Émilie propose à Mélody de choisir…
1. ☐ un motif différent.
2. ☐ une taille différente.
3. ☐ une couleur différente.

e. ◼ Il y a des réductions en fonction… (2 réponses)
1. ☐ de la date d'achat.
2. ☐ du nombre d'articles.
3. ☐ du type de vêtements.
4. ☐ du prix des accessoires.

f. Regardez les pièces jointes. Qu'est-ce que Mélody va acheter ? (2 réponses)

1. ☐

2. ☐

3. ☐

4. ☐

# ENTRAÎNEMENT

## Manières de dire

**2** Écoutez et cochez la situation correcte pour chaque photo.

Ex. : 068  1. ☐  2. ☐  3. ☒

A  069  1. ☐  2. ☐  3. ☐

B  070  1. ☐  2. ☐  3. ☐

C  071  1. ☐  2. ☐  3. ☐

D  072  1. ☐  2. ☐  3. ☐

E  073  1. ☐  2. ☐  3. ☐

## Vocabulaire

**3** Les vêtements, les accessoires et les motifs

Décrivez les tenues de chaque personne.

Ex. : Il porte un pull à motifs, un pantalon uni, un nœud papillon et des chaussures.

a. Elle porte ............................................................
............................................................
............................................................
............................................................

c. Elle porte ............................................................
............................................................
............................................................
............................................................

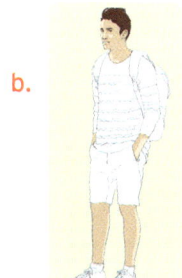
b. Il porte ............................................................
............................................................
............................................................
............................................................

d. Il porte ............................................................
............................................................
............................................................
............................................................

**Séquence 21** — Décrire une tenue

## Grammaire

### 4 L'accord des adjectifs de couleur

**Accordez les adjectifs si nécessaire.**

Ex. : une robe 🔵 : une robe **bleue**

a. des gants 🟡 : des gants ..................
b. une jupe 🟢 : une jupe ..................
c. des pantalons 🟠 : des pantalons ..................
d. des collants 🟣 : des collants ..................
e. une chemise ⚪ : une chemise ..................
f. des chaussettes ⚫ : des chaussettes ..................

### 5 Les pronoms interrogatifs et démonstratifs

**Complétez les dialogues.**

Ex. :
– Qu'est-ce que tu penses de cette veste ?
– Laquelle ?
– Celle-là !

a.
– .................. préférez-vous ? Les sous-vêtements unis ou à fleurs ?
– Ils ne me plaisent pas, je préfère .................. avec les pois.

b.
– Regarde le manteau ! On prend ..................-là ?
– .................. ?
– .................. de droite.

c.
– J'adore toutes ces chaussures !
– Oui, mais .................. sont les plus confortables ?
– .................. -ci !

d.
– Cette chemise est vraiment ringarde.
– .................. ? .................. à carreaux ou .................. à motifs.

### 6 🎧 074 Écoutez les phrases et réagissez à l'oral comme dans l'exemple.

Ex. : Je trouve ce chapeau vraiment laid. → **Lequel ? Celui-ci ou celui-là ?**

### 7 Le pronom relatif *que*

**Complétez les phrases avec *qui* ou *que*.**

Ex. : Tiffany n'aime pas les robes **qui** sont trop courtes.

a. Le costume .......... David porte est très élégant.
b. C'est une tenue .......... me plaît beaucoup.
c. Il veut un pull .......... a une capuche.
d. Ces chaussures, ce sont celles .......... tu préfères ?
e. Les jupes .......... sont sur ce site sont très mignonnes.
f. Je déteste les gants .......... Tom porte.

## Phonie-graphie

### Les sons [ʃ] comme *gauche* et [ʒ] comme *rouge*

**8 A.** 🎧 075 Écoutez et cochez la bonne réponse.

Ex. : orange

|   | Ex. | 1. | 2. | 3. | 4. | 5. | 6. |
|---|---|---|---|---|---|---|---|
| [ʃ] |   |   |   |   |   |   |   |
| [ʒ] | ✗ |   |   |   |   |   |   |

**B.** 🎧 076 Écoutez. Soulignez le son [ʃ] et entourez le son [ʒ].

Ex. : J'aime ce T-shirt et ces chaussures sont géniales !

1. J'achète un gilet jaune, une chemise blanche à manches courtes et un short orange.
2. Elle cherche des bijoux, un joli chapeau, des gants et des chaussures à pois rouges.

# Bilan 7

**A2**

## Structures de la langue

**Cochez la bonne réponse.**

1. Ce fromage est…
   a. ☐ carré.
   b. ☐ ovale.
   c. ☐ triangulaire.
   d. ☐ rectangulaire.

2. Vous expliquez le dossier … directeur.
   a. ☐ à
   b. ☐ au
   c. ☐ à la
   d. ☐ aux

3. – Je déteste mon foulard.
   – … ?
   a. ☐ Lequel
   b. ☐ Laquelle
   c. ☐ Lesquels
   d. ☐ Lesquelles

4. … les pulls … je cherche.
   a. ☐ C'est … qui
   b. ☐ C'est … que
   c. ☐ Ce sont … qui
   d. ☐ Ce sont … que

5. Mon assistante ? Je … propose de venir avec moi.
   a. ☐ le
   b. ☐ la
   c. ☐ lui
   d. ☐ leur

6. J'aime cette robe…
   a. ☐ unie.
   b. ☐ à pois.
   c. ☐ à rayures.
   d. ☐ à carreaux.

7. J'ai terminé … mes tâches.
   a. ☐ tout
   b. ☐ toute
   c. ☐ tous
   d. ☐ toutes

8. Il faut aider votre nouveau stagiaire : …
   a. ☐ accueillez-le.
   b. ☐ accueillez-la.
   c. ☐ ne l'accueillez pas.
   d. ☐ ne les accueillez pas.

9. – Ne choisissez pas ces bureaux !
   – … de la marque Izza ?
   a. ☐ Celui
   b. ☐ Celle
   c. ☐ Ceux
   d. ☐ Celles

10. Ce retard, je ne peux pas … accepter !
    a. ☐ l'
    b. ☐ le
    c. ☐ la
    d. ☐ les

11. Si le stagiaire fait une erreur, …
    a. ☐ vous lui parlez.
    b. ☐ vous lui avez parlé.
    c. ☐ vous venez de lui parler.
    d. ☐ vous êtes en train de lui parler.

12. J'ai acheté des gants…
    a. ☐ blanc.
    b. ☐ blancs.
    c. ☐ blanche.
    d. ☐ blanches.

13. On trouve tous nos nouveaux produits dans le…
    a. ☐ catalogue.
    b. ☐ lancement.
    c. ☐ réseau social.
    d. ☐ consommateur.

14. Marc est le nouveau responsable marketing. Ses collègues … félicitent.
    a. ☐ le
    b. ☐ lui
    c. ☐ les
    d. ☐ leur

15. Je vais commander…
    a. ☐ ce sac.
    b. ☐ ces collants.
    c. ☐ cette ceinture.
    d. ☐ ce nœud papillon.

**Mon score ……… /15**

# Bilan 7

## Compréhension orale

🎧 **Écoutez la conversation entre la cliente et la vendeuse de valises. Complétez les informations sur la valise choisie. Cochez ou écrivez la bonne réponse.**

| Taille | Motifs | | Dimensions |
|---|---|---|---|
| ☐ Petite valise  ☐ Grande valise | ☐ Unie | ☐ Pois | .................... cm |
| **Durée du séjour** | ☐ Animaux | ☐ Rayures | **Poids** |
| ☐ Moins de 7 jours | ☐ Paysages | ☐ Personnes | .................... kg |
| ☐ Entre 1 semaine et 3 semaines | ☐ Fleurs | | **Prix** |
| ☐ Plus de 3 semaines | | | .................... euros |
| **Couleur** | **Garantie** | | **Promotion** |
| 🔵☐  🩷☐  🟠☐  🟢☐  ⚪☐  🔴☐ | ☐ 6 mois  ☐ 12 mois  ☐ 18 mois | | ☐ Oui  ☐ Non |

**Mon score ........ /5**

## Compréhension écrite

**Lisez les propositions des bonnes pratiques pour télétravailler et complétez les recommandations.**

a. Définissez une heure pour déjeuner ensemble.
b. Saluez votre équipe le matin sur la messagerie.
c. Respectez vos horaires de travail et prenez une pause déjeuner.
d. Identifiez les différentes tâches de la journée.
e. Ne télétravaillez pas sur le canapé ou sur votre lit.
f. N'oubliez pas de faire des pauses courtes et fréquentes pendant la journée de travail.
g. Communiquez les horaires des réunions importantes pour ne pas être dérangé(e).
h. Faites des réunions courtes mais nombreuses au cours de la journée.
i. Alternez la position assise et la position debout.
j. Évitez de mélanger les tâches privées et celles liées au télétravail.

### Comment bien télétravailler

① Réfléchissez à l'organisation de votre travail pour planifier la journée.
   • ..............................................................................................
   • ..............................................................................................

② Aménagez votre espace de travail.
   • ..............................................................................................
   • ..............................................................................................

③ Partagez le planning de la journée avec les personnes de votre famille.
   • ..............................................................................................
   • ..............................................................................................

④ Gérez votre temps en télétravail : n'hésitez pas à prendre des pauses dans la journée.
   • ..............................................................................................
   • ..............................................................................................

⑤ Gardez le contact avec vos collègues pour ne pas vous sentir isolé(e).
   • ..............................................................................................
   • ..............................................................................................

**Mon score ........ /5**

# SÉQUENCE 22 — Décrire une expérience professionnelle

**A2**

## COMPRÉHENSION ORALE

**1** 🎧 078 Un journaliste interroge Marjorie sur sa reconversion professionnelle. Écoutez l'interview et cochez la bonne réponse.

**a.** Avant, Marjorie…
1. ☐ donnait des cours.
2. ☐ gardait des enfants.
3. ☐ travaillait dans un restaurant.

**b.** Aujourd'hui, elle…
1. ☐ dirige un collège.
2. ☐ organise des fêtes.
3. ☐ cuisine chez les gens.

**c.** Qu'est-ce que Marjorie aime dans son nouveau métier ?
1. ☐ Son emploi du temps fixe
2. ☐ Les différentes rencontres
3. ☐ Le temps avec ses collègues
4. ☐ L'aménagement de son bureau

**d.** Dans son nouveau métier, Marjorie doit…
1. ☐ être patiente.
2. ☐ savoir s'organiser.
3. ☐ travailler en équipe.

**e.** D'après Marjorie, quels sont les inconvénients de son nouveau métier ? (deux réponses)
1. ☐ Le travail n'est pas facile.
2. ☐ Le salaire n'est pas très élevé.
3. ☐ Elle ne voit pas beaucoup sa famille.
4. ☐ Il n'y a pas beaucoup de jours de congés.

## ENTRAÎNEMENT

### Manières de dire

**2** 🎧 079 Écoutez les personnes et cochez la bonne réponse.

Ex. : Mon assistante s'occupait du planning et recevait les clients. Elle passait aussi les commandes.

|  | a. La personne décrit sa formation. | b. La personne décrit son parcours professionnel. | c. La personne indique des tâches habituelles passées. | d. La personne décrit des compétences professionnelles. |
|---|---|---|---|---|
| Ex. : Personne 1 |  |  | ✗ |  |
| Personne 2 |  |  |  |  |
| Personne 3 |  |  |  |  |
| Personne 4 |  |  |  |  |
| Personne 5 |  |  |  |  |
| Personne 6 |  |  |  |  |

# Séquence 22 — Décrire une expérience professionnelle

## Vocabulaire

### 3. Les tâches et les qualités professionnelles

Complétez l'annonce avec : achats, accueillir, autonome, clients, commerciales, contact, expérience, organisation, préparer, ~~renseigner~~.

**Recherche employé polyvalent / employée polyvalente alimentation libre-service**

**MISSIONS**

……………………………… et renseigner les clients
Encaisser les ……………………………… .
Promouvoir les offres ……………………………… .
Traiter les réclamations des ……………………………… .
Assurer le bon état marchand du rayon et de la surface de vente.
……………………………… les commandes.

**FORMATION**

BAC pro vente et commerce ou justifier d'une ……………………………… minimale de 2 ans dans le commerce d'alimentation.

**QUALITÉS PROFESSIONNELLES**

Vous devez avoir un sens du ……………………………… , être ……………………………… , ponctuel, dynamique et avoir le sens de l'……………………………… .

## Grammaire

### 4. Les indicateurs de temps *pendant, après, il y a*

Entourez l'indicateur correct.

> J'ai étudié le droit ~~après~~ / (pendant) 5 ans. J'ai fini mes études il y a / pendant 4 ans. À la fin de mes études, j'ai fait un stage dans un cabinet juridique, puis j'ai eu un CDI dans ce cabinet après / il y a 6 mois. J'ai dû démissionner après / pendant 3 ans parce que nous avons déménagé en Guadeloupe pour le travail de mon compagnon. Quand je suis arrivé en Guadeloupe, j'ai suivi une formation de photographe professionnel après / pendant 3 mois. Il y a / Pendant 2 mois, j'ai retrouvé un travail de juriste dans une administration, mais je travaille seulement 3 jours par semaine. Aujourd'hui, j'exerce deux métiers : photographe et juriste.

### 5. Les pronoms relatifs *où, qui, que*

Complétez les légendes des photos avec les pronoms relatifs *qui, que/qu', où*.

**Ex. :** Voici l'hôpital **où** je travaille,

**a.** les collègues ………… travaillent avec moi,

Décrire une expérience professionnelle  Séquence 22  A2

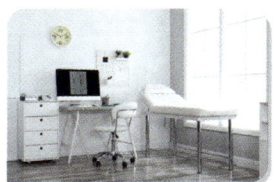

b. le cabinet ............... je reçois mes patients,

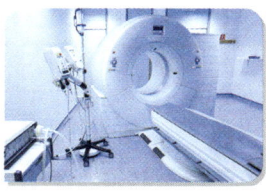

c. le scanner ............... l'hôpital a acheté,

d. une collègue ............... j'aime beaucoup,

e. la salle d'attente ............... se trouve au 4ᵉ étage,

f. la cantine ............... je déjeune,

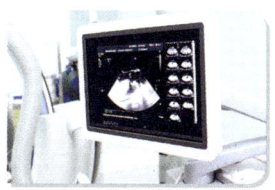

g. une machine ............... j'utilise souvent.

## Conjugaison

### 6. L'imparfait

**Transformez les actions passées en habitudes passées. Utilisez l'imparfait.**

Ex. : J'ai organisé des réunions. → J'**organisais** des réunions.

a. J'ai été très occupée. → ......................................................................................................................................
b. Je suis allée dans les magasins. → ........................................................................................................................
c. J'ai fait des contrôles. → ........................................................................................................................................
d. J'ai visité les usines. → ..........................................................................................................................................
e. J'ai eu des responsabilités. → ................................................................................................................................
f. J'ai assisté à des séminaires. → ..............................................................................................................................

## Phonie-graphie

### Les sons [s] comme *profession* et [z] comme *entreprise*

**7 A.** 🎧 080 Écoutez. Vous entendez [s] ou [z] ? Cochez.

Ex. : un poste

|     | Ex. | 1. | 2. | 3. | 4. | 5. | 6. |
|-----|-----|----|----|----|----|----|----|
| [S] | X   |    |    |    |    |    |    |
| [Z] |     |    |    |    |    |    |    |

**B.** 🎧 081 Écoutez. Soulignez les sons [s] et entourez les sons [z].

Ex. : Je maîtri(s)e les logi(c)iels de comptabilité.

1. Il y a deux ans, j'ai occupé le poste d'assistante administrative dans cette société de formation.
2. Je suis rigoureuse et j'ai le sens de l'organisation.

# SÉQUENCE 23 — Exprimer son opinion

## COMPRÉHENSION ÉCRITE

**1** Lisez l'article et les témoignages sur les bureaux flexibles. Cochez la bonne réponse.

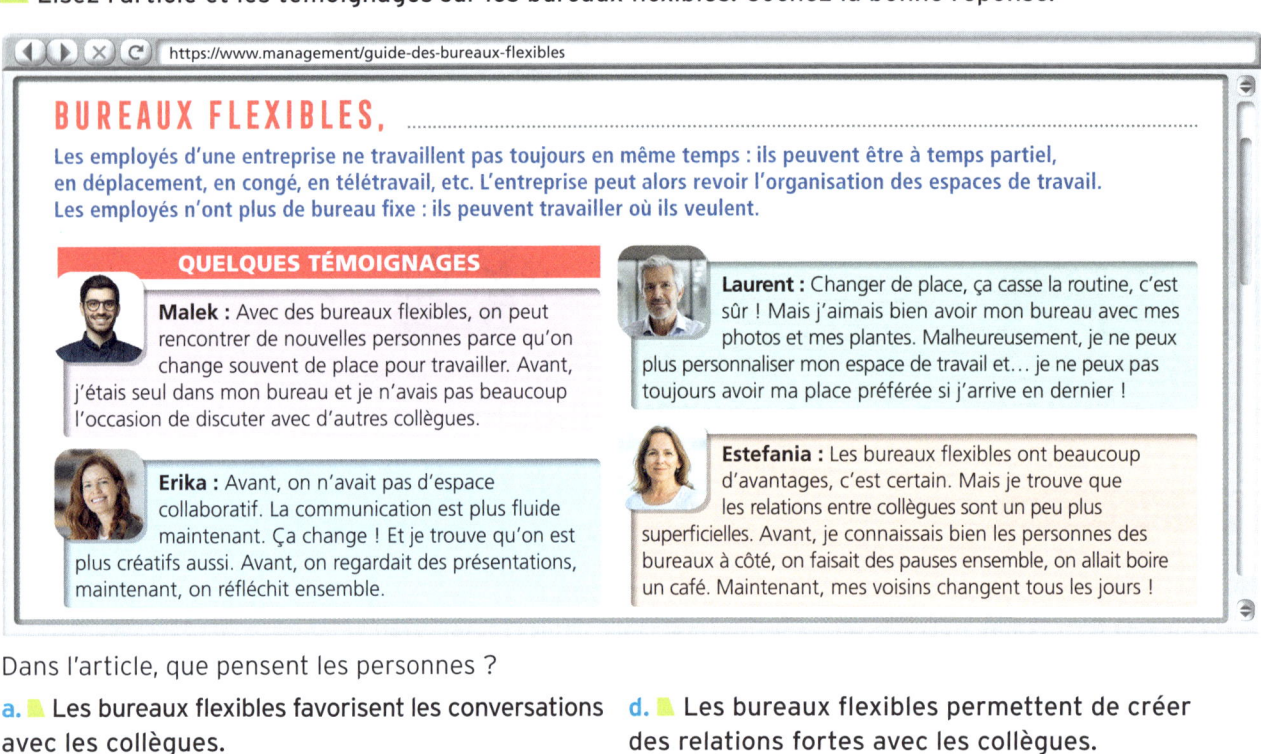

Dans l'article, que pensent les personnes ?

a. Les bureaux flexibles favorisent les conversations avec les collègues.
1. ☐ Vrai   2. ☐ Faux

b. Ces bureaux stimulent la réflexion collaborative.
1. ☐ Vrai   2. ☐ Faux

c. On peut réserver un bureau flexible à l'avance.
1. ☐ Vrai   2. ☐ Faux

d. Les bureaux flexibles permettent de créer des relations fortes avec les collègues.
1. ☐ Vrai   2. ☐ Faux

e. Complétez le titre de l'article : Bureaux flexibles, ...
1. ☐ c'est une bonne idée !
2. ☐ c'est une mauvaise idée...
3. ☐ c'était beaucoup mieux avant ?

## ENTRAÎNEMENT

### Manières de dire

**2** Entourez l'expression qui correspond à la situation.

Ex. : – J'adore les bureaux flexibles !
– Tu exagères. / (C'est vrai que c'est sympa.)

a. – La photocopieuse est encore en panne !
– Je trouve que c'est super ! / Quelle galère !

b. – Je suis content de travailler où je veux. / Je pense que c'était vraiment mieux avant.
– Moi non, je suis fatiguée de bouger tout le temps.

c. – Avant, je travaillais plus vite...
– Oui, je crois que c'est plus difficile de se concentrer / c'est génial !

d. – C'est génial de choisir ton bureau. / Il y a aussi un gros problème : le bruit.
– Les box fermés sont très pratiques pour s'isoler.

e. – On ne peut pas réserver son bureau, il faut arriver très tôt le matin.
– Tu as raison, ce n'est vraiment pas pratique / je trouve que c'est super.

f. – Je trouve que c'est génial. / Je pense que c'était vraiment mieux avant.
– Je suis d'accord avec toi, ça m'énerve !

## Vocabulaire

### 3 Les émotions et les états

Complétez les phrases avec la bonne émotion : stressé, calme, ~~fatigué~~, concentré, content, énervé.
Attention aux accords !

Ex. : Erika a travaillé 12 heures aujourd'hui, elle est fatiguée.

a. J'ai fait 30 minutes de méditation, je suis plus ........................... maintenant.
b. Nous avons besoin de silence pour être ........................... et bien travailler.
c. Jan est ........................... , il a finalisé la vente avec son client.
d. Charlène est vraiment ........................... , elle doit changer de bureau pour la troisième fois en un mois.
e. Pour éviter d'être ........................... avant une présentation, il faut bien connaître le dossier.

### 4 Les périodes

Regardez l'agenda et complétez les phrases avec : hier, aujourd'hui, ~~demain~~, avant (× 2), après, maintenant.

| 06/05 | 11 h 59 | 25 °C Ensoleillé | | |
|---|---|---|---|---|
| **Jeudi 5 mai** | | **Vendredi 6 mai** | | |
| 9 h | Présentation projet DUC | 10 h | Réunion marketing |
| 13 h | Déjeuner avec Mme Tang | 12 h | Déjeuner avec Mel & Hugo |
| 15 h | Point avec Abdel | 14 h | RDV Achille |
| 17 h | Pot de départ Mel & Hugo | 14 h 30 | Point avec Ludo |

Ex. : Demain, c'est le week-end.

a. Le rendez-vous avec Achille est ........................... .
b. Le déjeuner avec Madame Tang était ........................... .
c. Le déjeuner avec Mel et Hugo est ........................... .
d. La présentation du projet DUC était ........................... le déjeuner avec Mme Tang.
e. Le point avec Ludo est ........................... le RDV avec Achille.
f. Le point avec Abdel était ........................... le pot de départ de Mel et Hugo.

## Grammaire

### 5 Le pronom démonstratif ça

Associez la photo à la réaction correspondante : ~~Ça suffit !~~ / Ça alors, quelle surprise ! / Ça m'énerve ! / Ça y est, j'ai terminé ! / Tiens, lis ça ! C'est génial ! / C'est noté, je fais ça aujourd'hui.

A — Ex. : Ça suffit !
B — ...........................
C — ...........................
D — ...........................
E — ...........................
F — ...........................

Séquence 23    Exprimer son opinion

## 6 C'est/Ce n'est pas … de/d'

**Reformulez les phrases pour exprimer l'appréciation d'une autre manière.**

Ex. : Ce n'est pas facile de rester concentrée. → *(difficile)* C'est difficile de rester concentrée.

a. Ce n'est pas simple d'avoir des bureaux flexibles. → *(compliqué)* ....................
b. C'est utile d'avoir des espaces collaboratifs. → *(inutile)* ....................
c. Ce n'est pas difficile de trouver un espace de travail. → *(facile)* ....................
d. C'est impossible de travailler avec du bruit. → *(possible)* ....................
e. Ce n'est pas compliqué de réserver un box. → *(facile)* ....................

## 7 L'expression de l'opinion avec la conjonction *que*

**Mettez les mots dans l'ordre. Ajoutez les majuscules et la ponctuation.**

Ex. : super / je / que / c'est / trouve → Je trouve que c'est super.

a. bien / que / il / c'est / pense → ....................
b. vous / c'est / terminé / que / croyez → ....................
c. géniale / elle / que / c'est / idée / trouve / une → ....................
d. ont / de / crois / vacances / qu' / je / besoin / ils → ....................
e. que / bon / nous / un / c'est / trouvons / projet → ....................

## Conjugaison

## 8 L'imparfait

**Complétez le tableau de conjugaison.**

| Verbe à l'infinitif | *Nous* au présent de l'indicatif | Conjugaison à l'imparfait |
|---|---|---|
| Ex. : partir | Nous partons | Je partais |
| a. aller | Nous .................... | Tu .................... |
| b. faire | Nous .................... | Nous .................... |
| c. devoir | Nous .................... | Vous .................... |
| d. pouvoir | Nous .................... | Ils / Elles .................... |
| e. savoir | Nous .................... | Tu .................... |
| f. vouloir | Nous .................... | Il / Elle / On .................... |

## Phonie-graphie

### L'orthographe des mots invariables

**9** 🎧 082 **Écoutez et complétez les phrases avec les mots entendus.**

Ex. : **Quand** tu arrives le matin, tu peux choisir ton bureau.

a. ...................., on a des espaces sympas.
b. ...................., je crois que je travaille mieux.
c. Avant, je travaillais .................... près de mon équipe.
d. Il pense que c'était .................... plus compliqué avant.
e. Il ne travaille plus à côté de sa collègue. .................... l'énerve !
f. Je trouve que c'est stressant de bouger .................... .

## SÉQUENCE 24 — Raconter un séjour

**A2**

### COMPRÉHENSION ORALE

**1.** 🎧 083 Écoutez le message d'Ève à Christine et cochez la bonne réponse.

a. ▸ La maison peut accueillir une grande famille.
1. ☐ Vrai
2. ☐ Faux

b. ▸ Les hôtes sont bilingues.
1. ☐ Vrai
2. ☐ Faux

c. ▸ La maison est…
1. ☐ chère.   2. ☐ tranquille.   3. ☐ jolie.

d. ▸ Qu'est-ce qui est inclus dans le prix ?
1. ☐ Le garage
2. ☐ Le ménage
3. ☐ Le petit-déjeuner

e. ▸ Choisissez les photos du séjour d'Ève et Josef.

1. ☐    2. ☐    3. ☐    4. ☐

### ENTRAÎNEMENT

#### Manières de dire

**2.** Complétez les dialogues avec les phrases suivantes.

a. J'ai visité les musées de la ville.
b. Quel bonheur !
c. ~~Oui, mais la piscine ne ressemblait pas aux photos.~~
d. La chambre fait combien de mètres carrés ?
e. Oui, mais je n'ai pas pu utiliser le barbecue parce qu'il ne fonctionnait pas.
f. La maison peut accueillir combien de personnes ?
g. Quel dommage !

Ex. : – La maison est bien ?
– c. Oui, mais la piscine ne ressemblait pas aux photos.

1. Il y avait un grand jardin !  ……………

2. ……………  Elle est grande : 19 m². 

3. Il y avait beaucoup d'équipements ?  ……………

4. Qu'est-ce que tu as fait pendant ton séjour ?  ……………

5. ……………  Quatre, parce qu'il y a un lit double et deux lits simples.

6. Nous n'avons pas pu profiter de la terrasse parce qu'il faisait froid.  ……………

# Séquence 24 — Raconter un séjour

## Vocabulaire

### 3. La location

**A.** Complétez pour retrouver le vocabulaire de la location.

Ex. : dé__a__t a__ant 10 __eu__es → départ avant 10 heures

1. un __ou____age
2. des __ièc__s
3. un équ__pe__en__
4. un __o__ait __én__ge
5. un __em__ou__ sem____t
6. Internet in____us __ans le __ar__f

**B.** Associez les mots de l'activité **A** aux dessins correspondants.

a. Ex. : départ avant 10 heures  b. ...........  c. ...........  d. ...........

e. ...........  f. ...........  g. ...........

### 4. Le logement

Associez les actions aux lieux (plusieurs possibilités).

a. On prépare les repas • • 1. dans la salle à manger.
b. On dort • • 2. dans la cuisine.
c. On se lave • • 3. sur la terrasse.
d. On dîne • • 4. dans la chambre.
e. On regarde la télévision • • 5. dans le jardin.
f. On fait un barbecue • • 6. dans le salon.
g. On profite du soleil • • 7. dans la salle de bain.

## Grammaire

### 5. Le pronom interrogatif *Combien de*

Transformez les questions comme dans l'exemple.

Ex. : Tu as combien de pièces ? → (forme formelle) Combien de pièces as-tu ?

a. Combien d'étages y a-t-il ? → (forme standard) ................
b. Vous réservez combien de semaines ? → (forme formelle) ................
c. Combien de jours il est parti ? → (forme familière) ................
d. Elle accepte combien de clients ? → (forme formelle) ................
e. Combien de fenêtres a l'appartement ? → (forme familière) ................
f. Vous voulez faire combien de balades ? → (forme standard) ................

Raconter un séjour  Séquence 24  A2

## 6 Les adjectifs exclamatifs *quel, quelle, quels, quelles*

**A.** Entourez l'adjectif exclamatif correct.

Ex. : **Quel** / Quels grand salon !

1. Quelle / Quelles vue !
2. Quels / Quelles chambres affreuses !
3. Quel / Quelle calme !
4. Quel / Quels beau pays !
5. Quelle / Quelles superbe cuisine !
6. Quel / Quels tarifs !
7. Quel / Quelle nouvelle !
8. Quel / Quelle mauvais temps !

**B.** Classez les expressions de l'activité A dans le tableau.

| Émotion ou avis positifs | Émotion ou avis négatifs | Les deux |
|---|---|---|
| Ex. : Quel grand salon ! | | |
| | | |
| | | |
| | | |

## 7 Le passé composé et l'imparfait

**Transformez les phrases au passé. Utilisez l'imparfait ou le passé composé.**

Ex. : Elvira est fatiguée. Elle se couche. → Elvira **était** fatiguée. Elle **s'est couchée**.

a. J'ai du temps, alors je me promène. → ...........................................................

b. Théa réserve ce gîte parce que les tarifs sont bas. → ...........................................................

c. Le ménage est inclus dans le prix, c'est pratique. → ...........................................................

d. Nous profitons de la piscine parce qu'il fait chaud. → ...........................................................

e. Ils partent plus tôt parce que leur fils est malade. → ...........................................................

f. On n'aime pas la maison, alors on change de gîte. → ...........................................................

## Phonie-graphie

### La distinction entre imparfait et passé composé

**8 A.** 🎧 084 Écoutez et cochez la phrase entendue.

| imparfait | passé composé |
|---|---|
| Ex. : ☒ Il se levait tard. | ☐ Il s'est levé tard. |
| 1. ☐ Je visitais la ville. | ☐ J'ai visité la ville. |
| 2. ☐ Je profitais du jacuzzi. | ☐ J'ai profité du jacuzzi. |
| 3. ☐ On se promenait le soir. | ☐ On s'est promené le soir. |
| 4. ☐ Je passais un bon séjour. | ☐ J'ai passé un bon séjour. |
| 5. ☐ Elle se couchait avant moi. | ☐ Elle s'est couchée avant moi. |
| 6. ☐ Je réglais le problème dans la journée. | ☐ J'ai réglé le problème dans la journée. |

**B.** 🎧 084 Réécoutez et répétez les phrases.

# Bilan 8

## Structures de la langue

**Cochez la bonne réponse.**

1. ... un an, j'ai pris mon poste au service comptabilité.
a. ☐ En
b. ☐ Pour
c. ☐ Il y a
d. ☐ Pendant

2. J'ai travaillé dans cette entreprise ... 10 ans. J'ai beaucoup d'expérience.
a. ☐ pour
b. ☐ il y a
c. ☐ après
d. ☐ pendant

3. On reprend le travail ... 2 semaines de congés.
a. ☐ pour
b. ☐ il y a
c. ☐ après
d. ☐ pendant

4. Il travaille dans la ville ... Ahmed habite.
a. ☐ où
b. ☐ qu'
c. ☐ qui
d. ☐ que

5. On s' ... des plannings.
a. ☐ occupais
b. ☐ occupait
c. ☐ occupions
d. ☐ occupaient

6. C'est stressant ... arriver dans une nouvelle entreprise.
a. ☐ à
b. ☐ d'
c. ☐ de
d. ☐ à d'

7. Léa croit ... c'est bien de changer de bureau.
a. ☐ si
b. ☐ de
c. ☐ que
d. ☐ qu'il

8. Avant, Emma ... des lettres, pas des emails.
a. ☐ envoyait
b. ☐ a envoyé
c. ☐ a envoyée
d. ☐ envoyaient

9. Il y a combien ... chambres dans cet hôtel ?
a. ☐ ∅ (pas d'article)
b. ☐ de
c. ☐ les
d. ☐ des

10. Tu n'as pas reçu de réponse ? ... dommage !
a. ☐ Quel
b. ☐ Quels
c. ☐ Quelle
d. ☐ Quelles

11. On a fait peu de bénéfices ? ... surprise !
a. ☐ Quel
b. ☐ Quels
c. ☐ Quelle
d. ☐ Quelles

12. Ils ... déjà un enfant quand ils se sont mariés.
a. ☐ ont
b. ☐ ont eu
c. ☐ auront
d. ☐ avaient

13. Il pleuvait alors on ... notre parapluie.
a. ☐ a pris
b. ☐ prend
c. ☐ prenait
d. ☐ prendra

14. Elle ... encore quand elle a commencé à travailler.
a. ☐ étudiait
b. ☐ a étudié
c. ☐ a étudiée
d. ☐ étudiaient

15. Quand je suis arrivé, la cliente ... depuis 10 minutes.
a. ☐ attend
b. ☐ attendait
c. ☐ a attendu
d. ☐ a attendue

**Mon score ........ /15**

# Bilan 8 — A2

## Compréhension orale

**Écoutez l'extrait radio et cochez la bonne réponse.**

1. Des jeunes quittent les entreprises traditionnelles…
a. ☐ parce qu'ils ne sont pas assez payés.
b. ☐ parce qu'ils n'ont pas assez d'ambition.
c. ☐ parce qu'ils ne sont pas assez valorisés.

2. Une entreprise a racheté la start-up Tal'emploi…
a. ☐ en 2015.   b. ☐ en 2017.   c. ☐ en 2019.

3. Tal'emploi n'a pas eu de succès par manque…
a. ☐ d'entreprises.
b. ☐ de financement.
c. ☐ de recrutements.

4. Bernard Sourcé regrette son manque…
a. ☐ d'ambition.
b. ☐ de connaissances.
c. ☐ de ressources humaines.

5. L'équipe de Tal'emploi n'a pas su…
a. ☐ s'adapter au marché.
b. ☐ attirer les investisseurs.
c. ☐ communiquer ses offres.

**Mon score ……… /5**

## Compréhension écrite

**Lisez le chat et cochez la bonne réponse.**

1. Claire apprend la nouvelle de la candidature de Pierre avec…
a. ☐ joie.
b. ☐ colère.
c. ☐ calme.

2. Pierre a beaucoup d'expérience en…
a. ☐ gestion.
b. ☐ hôtellerie.
c. ☐ ressources humaines.

3. Pendant sa précédente expérience professionnelle, Pierre a développé son sens…
a. ☐ de l'écoute.
b. ☐ de l'organisation.
c. ☐ de la communication.

4. Quelle était la principale difficulté de l'ancien poste de Pierre ?
a. ☐ L'impact psychologique
b. ☐ Les capacités physiques
c. ☐ Les compétences techniques

5. Pierre a … d'expérience chez Prop'net.
a. ☐ 6 mois
b. ☐ 18 mois
c. ☐ 5 ans

**Mon score ……… /5**

# SÉQUENCE 25 — Décrire un métier

## COMPRÉHENSION ÉCRITE

**1** Lisez le témoignage d'Alexandra et cochez la bonne réponse.

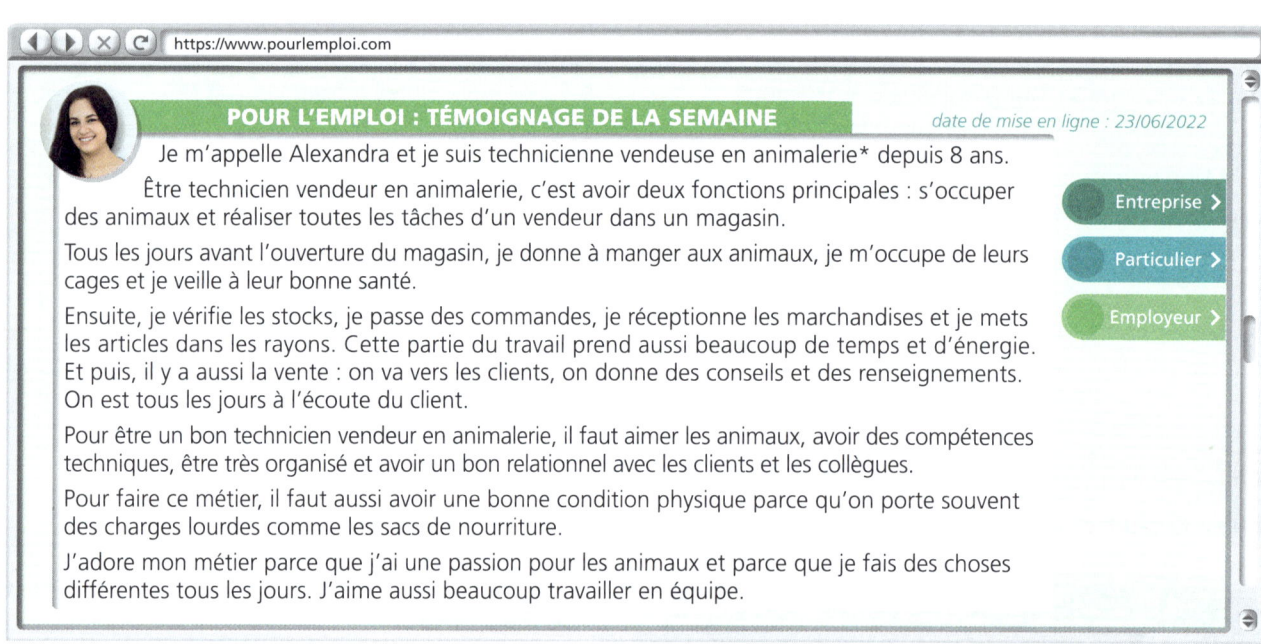

**POUR L'EMPLOI : TÉMOIGNAGE DE LA SEMAINE**  
date de mise en ligne : 23/06/2022

Je m'appelle Alexandra et je suis technicienne vendeuse en animalerie* depuis 8 ans.

Être technicien vendeur en animalerie, c'est avoir deux fonctions principales : s'occuper des animaux et réaliser toutes les tâches d'un vendeur dans un magasin.

Tous les jours avant l'ouverture du magasin, je donne à manger aux animaux, je m'occupe de leurs cages et je veille à leur bonne santé.

Ensuite, je vérifie les stocks, je passe des commandes, je réceptionne les marchandises et je mets les articles dans les rayons. Cette partie du travail prend aussi beaucoup de temps et d'énergie. Et puis, il y a aussi la vente : on va vers les clients, on donne des conseils et des renseignements. On est tous les jours à l'écoute du client.

Pour être un bon technicien vendeur en animalerie, il faut aimer les animaux, avoir des compétences techniques, être très organisé et avoir un bon relationnel avec les clients et les collègues.

Pour faire ce métier, il faut aussi avoir une bonne condition physique parce qu'on porte souvent des charges lourdes comme les sacs de nourriture.

J'adore mon métier parce que j'ai une passion pour les animaux et parce que je fais des choses différentes tous les jours. J'aime aussi beaucoup travailler en équipe.

*Une animalerie, c'est un magasin qui vend des animaux et des produits pour les animaux.

**a.** Quelle photo correspond au métier d'Alexandra ?

1. ☐

2. ☐

3. ☐

**b.** Quelles sont ses tâches ? (quatre réponses)
1. ☐ Comptabilité
2. ☐ Soin des animaux
3. ☐ Conseil aux clients
4. ☐ Gestion des stocks
5. ☐ Entretien du magasin
6. ☐ Organisation des consultations

**c.** Pour ce métier, il faut une bonne condition physique...
1. ☐ parce qu'on marche beaucoup.
2. ☐ parce que les journées sont longues.
3. ☐ parce qu'on porte beaucoup de choses.

**d.** D'après Alexandra, quelles qualités essentielles faut-il pour faire ce métier ? (trois réponses)
1. ☐ L'autonomie
2. ☐ Le sens de l'écoute
3. ☐ La faculté d'adaptation
4. ☐ Le sens de l'organisation
5. ☐ La capacité à travailler en équipe

**e.** Pour Alexandra, faire ce métier demande aussi…
1. ☐ de la force.
2. ☐ de la patience.
3. ☐ de la motivation.
4. ☐ des connaissances en médecine.

# ENTRAÎNEMENT

## Manières de dire

**2.** 🎧 086 Écoutez et cochez la bonne réaction (plusieurs possibilités).

Ex. : Il y a une réévaluation du salaire chaque année.

|  | Ex. : Personne 1 | Personne 2 | Personne 3 | Personne 4 | Personne 5 | Personne 6 |
|---|---|---|---|---|---|---|
| **a.** Merci, c'est clair ! |  |  |  |  |  |  |
| **b.** Je suis d'accord avec vous. |  |  |  |  |  |  |
| **c.** C'est intéressant ! | ✕ |  |  |  |  |  |
| **d.** Je comprends. |  |  |  |  |  |  |
| **e.** Très bien ! |  |  |  |  |  |  |

## Vocabulaire

### 3. Le vocabulaire médical

Complétez le message avec : cabinet, clinique, consultation, infirmière, médicaments, opération, soins, traitement, ~~hospitalisée~~.

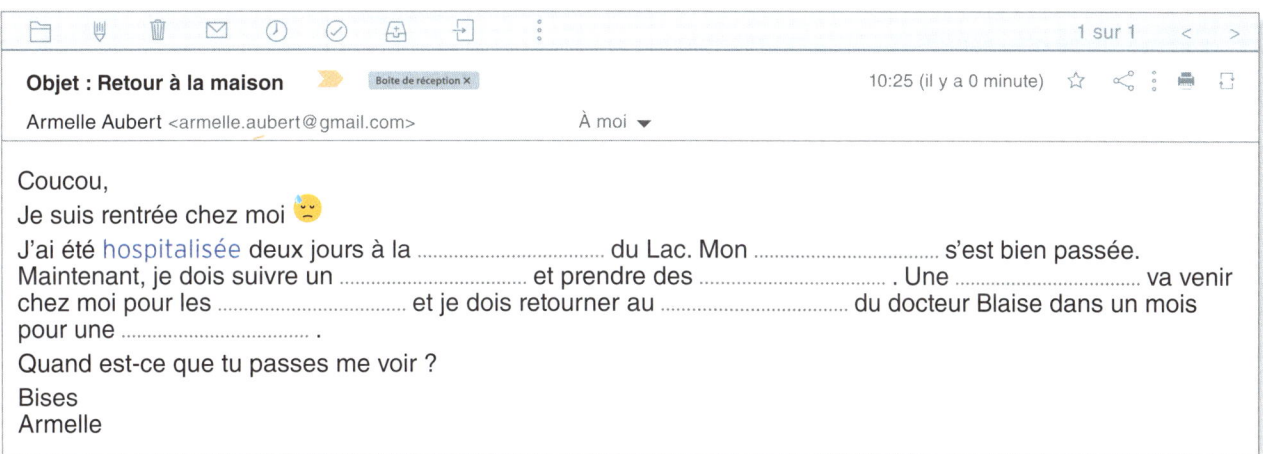

Coucou,
Je suis rentrée chez moi 😓

J'ai été hospitalisée deux jours à la ..................... du Lac. Mon ..................... s'est bien passée. Maintenant, je dois suivre un ..................... et prendre des ..................... . Une ..................... va venir chez moi pour les ..................... et je dois retourner au ..................... du docteur Blaise dans un mois pour une ..................... .
Quand est-ce que tu passes me voir ?
Bises
Armelle

### 4. La formation / Les animaux

Trouvez les mots du vocabulaire de la formation et les noms d'animaux dans la grille.

| A | I | S | S | O | D | V | T | Y | B | Ê | O | S |
|---|---|---|---|---|---|---|---|---|---|---|---|---|
| S | O | U | T | E | N | A | N | C | E | X | D | H |
| U | Q | P | A | I | Z | P | C | H | A | T | M | U |
| V | U | É | G | Z | C | H | I | E | N | L | É | P |
| O | F | J | E | J | O | N | D | V | T | A | M | I |
| A | W | U | Z | P | U | A | C | A | R | F | O | E |
| K | I | È | B | U | R | T | O | L | A | P | I | N |
| I | P | O | I | S | S | O | N | S | V | U | R | I |
| B | A | X | L | I | G | P | L | U | A | G | E | S |
| C | S | R | E | O | I | S | E | A | U | X | H | B |
| O | I | È | S | L | O | M | P | T | X | M | A | U |

**5 mots de la formation** travaux, ..................... , ..................... , ..................... , ..................... 

**6 noms d'animaux**
..................... , ..................... , ..................... , ..................... , ..................... , .....................

## Séquence 25 — Décrire un métier

### Grammaire

**5. Les indicateurs de temps *depuis* et *en***

Complétez les messages avec *depuis* ou *en*.

Ex. : Le vétérinaire a vacciné le chien **en** 3 minutes.

a. On a beaucoup de travail. Lorie est absente .................... quatre jours.

b. Mon collègue est hospitalisé .................... le 4 février.

c. Tu as trouvé un stage .................... trois jours 😮😮 Bravo ! Tu es super rapide !

d. Je suis contente. J'ai lu le dossier .................... dix minutes. 😊

e. J'essaye d'appeler le cabinet .................... une heure, mais ils ne répondent pas au téléphone ! 😬

**6. L'expression de la conséquence**

Indiquez si le sens des phrases est correct 👍 ou incorrect 👎.

| | 👍 | 👎 |
|---|---|---|
| Ex. : J'ai choisi ce métier. C'est pour ça que j'aime les animaux. | | ✗ |
| a. Tu as un diplôme donc tu peux faire ce métier. | | |
| b. J'ai contacté plusieurs entreprises alors je dois faire un stage. | | |
| c. Vous avez appelé le cabinet médical. C'est pour ça que vous voulez une consultation. | | |
| d. J'ai une prime d'ancienneté donc je gagne un peu plus que toi. | | |
| e. Nous prenons rendez-vous chez le vétérinaire alors notre chat a besoin d'un vaccin. | | |

**7. Les adjectifs indéfinis *chaque*, *quelques*, *plusieurs***

Entourez l'adjectif indéfini correct.

Ex. : Je connais (chaque) / plusieurs membre du jury de ma soutenance.

a. Il faut chaque / plusieurs semaines pour rédiger un mémoire.

b. J'ai pris chaque / quelques cours d'anglais avant de partir aux États-Unis.

c. Le service RH vérifie chaque / plusieurs dossier de candidature pour le stage.

d. J'ai invité chaque / quelques amis à la soutenance de mon mémoire de master.

e. J'assiste à chaque / plusieurs séance de travaux pratiques.

### Phonie-graphie

**Le pluriel et le singulier des noms**

**8. A.** 🎧 087 Écoutez. Complétez avec les mots au singulier ou au pluriel (*-s*, *-x*, *-aux*).

Ex. : J'ai .................... → J'ai **des chats**.

1. Il y a .................... .
2. Tu achètes .................... .
3. Elles ont .................... .
4. Je m'occupe .................... .
5. Elle cherche .................... .
6. Nous allons passer .................... .
7. Tu corriges .................... .
8. Ils construisent .................... .

**B.** 🎧 087 Réécoutez. À l'oral, transformez au singulier ou au pluriel.

Ex. : J'ai **des** chats. → J'ai **un** chat.

# SÉQUENCE 26 — Échanger sur une formation

**A2**

## COMPRÉHENSION ORALE

**1** 🎧 088 Écoutez le dialogue et cochez la bonne réponse.

**a.** Antoine demande des informations à Cora parce qu'elle a été ... chez Class'ouverte.
1. ☐ salariée
2. ☐ stagiaire
3. ☐ intervenante

**b.** Antoine voudrait suivre une formation...
1. ☐ en gestion de projet.
2. ☐ en gestion du personnel.
3. ☐ en gestion d'équipe projet.

**c.** La formation qu'Antoine veut suivre est...
1. ☐ exclusivement en ligne.
2. ☐ en présentiel et en ligne.
3. ☐ exclusivement en présentiel.

**d.** La formation porte principalement sur...
1. ☐ l'animation en ligne.
2. ☐ le recrutement de personnel.
3. ☐ la mise en place de réunions.

**e.** Le point fort de la formation est...
1. ☐ la taille du groupe.
2. ☐ le prix de l'inscription.
3. ☐ les mises en situation.

## ENTRAÎNEMENT

### Manières de dire

**2** Reformulez les phrases avec une expression similaire : j'ai besoin du / il lui faut / c'est fait ! / n'oublie pas / ah bon / moi aussi.

Ex. : <u>N'oubliez pas d'indiquer</u> vos dates de congés. = **Je vous rappelle que vous devez indiquer** vos dates de congés.

**a.** <u>Il me faut</u> le catalogue pour cet après-midi. = ................................ du catalogue pour cet après-midi.

**b.** – Tu as programmé un rendez-vous avec la société Alpha ?
– Oui, <u>j'ai programmé un rendez-vous avec la société Alpha.</u> = Oui, ................................ !

**c.** <u>Il a besoin d'</u>un devis à la fin de la semaine. = ................................ un devis à la fin de la semaine.

**d.** <u>Je te rappelle</u> que nous allons à Chartres demain. = ................................ que nous allons à Chartres demain.

**e.** – Tomoko a besoin du nom de l'intervenant.
– <u>J'ai aussi besoin du nom de l'intervenant.</u> = ................................ !

**f.** – La DRH de Sécuritis n'a pas reçu notre catalogue de formation.
– <u>Vraiment</u> ? C'est bizarre. = ................................ ? C'est bizarre.

# Séquence 26 Échanger sur une formation

## Vocabulaire

### 3. Le mobilier de bureau

Identifiez les éléments du mobilier.

3 une table

### 4. La formation

Complétez le descriptif de formation avec : à distance, attestation de formation, ~~catalogue de formation~~, en présentiel, formations sur mesure, intervenants, programmes, participants, sessions, suivre.

Vous souhaitez former votre équipe à la gestion de projets ?
Notre catalogue de formation propose 14 ........................... différents pour répondre à vos besoins.
Vous pouvez ........................... nos formations ........................... ou ........................... avec notre logiciel de visioconférence. Nous proposons des ........................... tous les mois avec nos ........................... qui sont des experts qualifiés.
Tous les ........................... reçoivent une ........................... à la fin du parcours.
Nous pouvons aussi réaliser des ..........................., cliquez ici pour nous contacter !

### 5. Le processus d'achat

Retrouvez les mots à l'aide de leur définition.

Ex. : Document écrit par un fournisseur qui vend un bien ou un service à un prix définitif = **un devis**

a. Action d'obtenir quelque chose contre un paiement = un a _ _ _ _
b. Document avec la liste des achats et leur prix = une f _ _ _ _ _ _ _
c. Action de verser une somme d'argent = un p _ _ _ _ _ _ _ _
d. Action d'apporter son achat à un client = une l _ _ _ _ _ _ _ _ _
e. Action d'acheter à distance ou au restaurant = une c _ _ _ _ _ _ _ _

## Grammaire

### 6. Les pronoms indéfinis *quelqu'un* et *quelque chose*

Entourez la proposition correcte.

Ex. : **Quelqu'un** / Quelque chose a pris le catalogue ?

a. Il y a quelqu'un / quelque chose qui ne va pas ?
b. Je peux faire quelqu'un / quelque chose pour toi ?
c. Tu dois parler à quelqu'un / quelque chose qui connaît le dossier.
d. On cherche quelqu'un / quelque chose pour écrire. Tu as un stylo ?
e. Quelqu'un / Quelque chose a informé Martine ?
f. Vous avez vu quelqu'un / quelque chose dans mon bureau ? Mon dossier était ouvert !

Échanger sur une formation  Séquence 26  A2

## 7. Le pronom complément *y*

**Associez les définitions aux lieux.**

a. On y fait de la natation et de l'aquagym.
b. On peut y déjeuner ou y dîner.
c. On y travaille.
d. On y stocke les fichiers et les dossiers numériques.
e. On y achète des boissons chaudes quand on fait une pause.
f. On y range les classeurs et les archives.
g. On s'y assoit pour travailler.

1. Au bureau.
2. À la cafétéria.
3. À la piscine.
4. Dans l'armoire.
5. Au restaurant.
6. Sur une chaise.
7. Dans l'ordinateur.

## 8. *Si, non, aussi, non plus*

**Complétez les réponses avec *si, non, aussi, non plus*.**

Ex. : – Je ne suis pas disponible la semaine prochaine…
– Moi **non plus**. On lui propose la semaine suivante ?

a. – Tu ne viens pas ?
– ................................ , j'arrive tout de suite !

b. – J'ai fini mes recherches. Et toi ?
– Moi ................................ , j'ai besoin de temps.

c. – Ambre et Peter n'ont pas envoyé leurs dates de congés. Et vous ?
– Nous ................................ . On le fait tout de suite !

d. – J'ai besoin de deux stagiaires pour m'aider !
– Moi ................................ ! J'ai trop de travail.

e. – Vous n'êtes pas allés déjeuner à la cafétéria ?
– ................................ le poulet était délicieux.

f. – Joëlle n'a pas pu voir monsieur Mendes. Et Paul ?
– Lui ................................ , il n'a pas réussi à le joindre.

## Conjugaison

### 9. Le verbe *falloir*

**Transformez les phrases au temps indiqué.**

Ex. : Il va me falloir le catalogue 2022. → (présent) Il me faut le catalogue 2022.

a. Il faut envoyer un mail à madame Traoré. → (imparfait) ..................................................
b. Il lui faut une nouvelle chaise. → (passé composé) ..................................................
c. Il te faut quelqu'un pour t'aider ? → (futur proche) ................................................ ?
d. Il vous faut quelque chose ? → (imparfait) ................................................ ?
e. Qu'est-ce qu'il nous faut pour cette réunion ? → (futur proche) ................................................ ?
f. Il nous faut deux jours pour terminer le devis. → (passé composé) ..................................................

## Phonie-graphie

### *Du / de / d' / des*

**10.** 🎧 089 **Écoutez et entourez le mot correct.**

Ex. : Je viens de lire le compte-rendu. → du / (de)

a. du / d'
b. de / des
c. du / de
d. d' / du
e. de / du
f. des / d'
g. du / des
h. des / d'

[dy] comme *du* = bouche très arrondie et fermée
[də] comme *de* = bouche arrondie
[de] comme *des* = bouche très souriante

# SÉQUENCE 27
# Choisir une sortie

## COMPRÉHENSION ÉCRITE

**1** Lisez cette conversation et choisissez la réponse correcte.

**Ce soir, un verre ? - 2 membres**

**Anna :** Tu finis à quelle heure aujourd'hui ? — 11:12

**Roxane :** À 17 h 30. Pourquoi ? — 11:25

**Anna :** On peut aller boire un verre après le travail. Des amis de mon frère viennent d'ouvrir un bar à jeux. Il dit que l'ambiance est super ! Et à partir de 18 heures, pendant un mois, ils t'offrent deux boissons pour le prix d'une ! — 11:29

**Roxane :** Pourquoi pas... mais je vais demander à Tom, on a rendez-vous ce soir. — 11:31

**Roxane :** Tom dit qu'il a déjà réservé un resto et qu'il a des places pour l'exposition sur l'histoire du cinéma. Ça te dit ? La cinémathèque ferme à 19 h alors on peut y aller ensemble ? — 11:33

**Anna :** Je n'ai pas trop envie d'aller la voir, je vais m'ennuyer, mais merci pour l'invitation. — 11:35

**Roxane :** Les critiques disent qu'elle est très bien faite et très ludique. Tu peux essayer ! — 11:41

**Anna :** Merci, mais ça ne me dit rien. Je vais demander à Alice si elle veut venir avec moi au bar. Et une balade nocturne ce week-end, ça vous dit ? Je vais à Chartres samedi. En ce moment, c'est « Chartres en lumières ». Tous les soirs, il y a des illuminations sur les plus beaux monuments de la ville. Je suis déjà allée à Chartres, mais je n'ai jamais fait cette balade en soirée. Tout le monde me conseille de la faire ! — 11:46

**Roxane :** Ça nous dit bien ! Tom veut savoir comment tu y vas. — 11:51

**Anna :** En train, ce n'est pas très loin, seulement 1 heure. Pourquoi ? — 11:57

**Roxane :** On peut partager une voiture ! — 11:58

**Anna :** Super ! — 11:59

**a.** Anna veut aller dans un bar pour...
1. ☐ jouer.
2. ☐ danser.
3. ☐ écouter de la musique.

**b.** Roxane propose de voir...
1. ☐ un film.
2. ☐ une expo.
3. ☐ des illuminations.

**c.** Anna accepte la proposition.
1. ☐ Vrai    2. ☐ Faux

**d.** Que vont faire Anna, Roxane et Tom à Chartres ?

1. ☐    2. ☐    3. ☐

**e.** Anna va à Chartres pour la première fois.
1. ☐ Vrai    2. ☐ Faux

# ENTRAÎNEMENT

## Manières de dire

**2 A. Associez.**

1. Elle dit
2. On ne va pas s'amuser
3. OK pour
4. Un ciné,
5. Je n'ai pas trop envie
6. Et si on allait
7. Bof,
8. Je vais demander à Stéphane

a. danser ce soir ?
b. l'expo.
c. s'il veut boire un verre.
d. ça vous dit ?
e. que cette rando roller est super.
f. et je vais m'ennuyer.
g. de faire une visite nocturne, je suis fatigué.
h. ça ne me dit rien.

**B. Classez les phrases de l'activité A dans le tableau.**

| Proposer une sortie | Répondre à une proposition | Donner une explication | Rapporter des paroles |
|---|---|---|---|
| | | | Elle dit que cette rando roller est super. |
| | | | |
| | | | |
| | | | |

## Vocabulaire

**3 Les lieux de sortie**

🎧 Écoutez les définitions et écrivez les mots.

Ex. : J'y vais pour écouter un groupe de musique : une **salle de concert**.

a. un _ _ _ _ _ _ _ _ _ _ _ _
b. un _ _ _ _ _ _ _
c. une _ _ _ _ _ _ _ _ _ _ _ _
d. un _ _ _ _ _ _
e. une _ _ _ _ _ _ _ _ _'_ _ _ _
f. un _ _ _

**4 Les activités de loisirs**

**Barrez l'intrus.**

Ex. : un concert / une soirée électro / ~~un café~~

a. un spectacle / un verre / un café
b. boire un verre / voir une comédie / voir un film
c. une visite nocturne / une expo / un concert
d. une exposition / une rando roller / un vernissage
e. une pièce de théâtre / un ciné / un spectacle humoristique
f. aller au ciné / voir un film / participer à un spectacle d'impro

**Séquence 27** — Choisir une sortie

## Grammaire

### 5. Le discours indirect au présent

**Lisez les phrases au discours indirect. Cochez la phrase au discours direct correspondante.**

Ex. : Cécile me dit que ce film est sympa.
1. ☒ « Ce film est sympa. »
2. ☐ « Est-ce que ce film est sympa ? »

a. Mon ami me dit d'attendre devant le cinéma.
1. ☐ « Attends devant le cinéma. »
2. ☐ « J'attends devant le cinéma ? »

b. Tu me demandes si je vais à la visite nocturne.
1. ☐ « Tu vas à la visite nocturne. »
2. ☐ « Est-ce que tu vas à la visite nocturne ? »

c. Claire veut savoir ce que je fais demain soir.
1. ☐ « Qu'est-ce que tu fais demain soir ? »
2. ☐ « Est-ce que tu veux sortir demain soir ? »

d. Jutta me conseille de ne pas aller dans ce restaurant.
1. ☐ « Tu vas dans ce restaurant ? »
2. ☐ « Ne va pas dans ce restaurant ! »

e. Émilie demande à Tony quand il veut aller boire un verre.
1. ☐ « Quand est-ce que tu veux aller boire un verre ? »
2. ☐ « À quelle heure tu veux aller boire un verre ? »

f. Le client veut savoir comment on s'inscrit à la rando roller.
1. ☐ « Inscrivez-moi à la rando roller ! »
2. ☐ « On s'inscrit comment à la rando roller ? »

## Conjugaison

### 6. Le futur proche des verbes pronominaux

**Conjuguez les verbes au futur proche.**

Ex. : Demain, je *(se lever)* **vais me lever** tôt, j'ai un entretien.

a. Vous *(se promener)* .................................................. en roller ?
b. Ils *(ne pas s'inscrire)* .................................................. à ce cours d'impro.
c. Tu *(se brosser)* .................................................. les dents avant de dormir.
d. Elle *(ne pas se coucher)* .................................................. tard, elle ne veut pas aller au ciné.
e. Nous *(se préparer)* .................................................. pour sortir, mais nous *(ne pas se maquiller)* .................................................. .

## Phonie-graphie

### Le -e non prononcé

**7.** 🎧 091 Écoutez. Barrez le ou les -e non prononcés.

Ex. : Je vais m'endormir. → J̶e̶ vais m'endormir.

a. Elle dit que c'est délicieux.
b. Une soirée électro, ça te dit ?
c. On n'a pas trop envie d'aller le voir.
d. Tu ne vas pas demander à ton copain ?
e. On ne va pas s'amuser.
f. On peut se faire un resto avant ou après le ciné ?

> À l'oral, il est possible de ne pas prononcer la négation « ne ».
> Exemple : Je (ne) vais pas demander à mon copain.

# Bilan 9

A2

## Structures de la langue

**Cochez la bonne réponse.**

1. Il travaille dans cette entreprise ... dix ans.
a. ☐ en
b. ☐ il y a
c. ☐ depuis
d. ☐ pendant

2. Quelqu'un ... cette formation ?
a. ☐ connais
b. ☐ connaît
c. ☐ connaissez
d. ☐ connaissent

3. Mon collègue me dit ... la réunion va commencer.
a. ☐ si
b. ☐ de
c. ☐ que
d. ☐ pourquoi

4. Dans ma clinique, je soigne souvent des ...
a. ☐ chats.
b. ☐ lapins.
c. ☐ chiens.
d. ☐ oiseaux.

5. – Je ne veux pas de formation en ligne.
   – ... (situation similaire).
a. ☐ Moi si.
b. ☐ Moi non.
c. ☐ Pas moi.
d. ☐ Moi non plus.

6. ... , ça te dit ?
a. ☐ Un ciné
b. ☐ Un vernissage
c. ☐ Une rando roller
d. ☐ Un spectacle d'impro

7. Nous avons déménagé dans un nouveau ... avec de nouveaux...
a. ☐ lieu / bureau.
b. ☐ lieu / bureaux.
c. ☐ lieux / bureau.
d. ☐ lieux / bureaux.

8. Ils ... il y a 5 minutes !
a. ☐ partent
b. ☐ vont partir
c. ☐ viennent de partir
d. ☐ sont en train de partir

9. Cloé et Jim vont à Bordeaux le week-end prochain ?
a. ☐ Oui, ils se promènent.
b. ☐ Oui, ils les promènent.
c. ☐ Oui, ils vont se promener.
d. ☐ Oui, ils vont les promener.

10. Je suis fatiguée ... je ne vais pas sortir ce soir.
a. ☐ pour
b. ☐ donc
c. ☐ mais
d. ☐ parce que

11. Mon chat est malade : ... un traitement.
a. ☐ il doit
b. ☐ il veut
c. ☐ il croit
d. ☐ il lui faut

12. – Ne rentre pas tard ce soir.
    – Qu'est-ce que tu dis ?
    – ...
a. ☐ Je te dis de ne pas rentrer tard ce soir.
b. ☐ Je te demande si tu rentres tard ce soir.
c. ☐ Je te dis que je ne rentre pas tard ce soir.
d. ☐ Je te demande pourquoi tu rentres tard ce soir.

13. Mon animal a besoin ...
a. ☐ d'un soin.
b. ☐ d'un vaccin.
c. ☐ d'une opération.
d. ☐ d'un médicament.

14. – Il était en formation à Paris jeudi ?
    – Oui, et il ... retourne la semaine prochaine.
a. ☐ y
b. ☐ la
c. ☐ en
d. ☐ où

15. Les dossiers sont sur...
a. ☐ la table.
b. ☐ la chaise.
c. ☐ l'étagère.
d. ☐ le bureau.

Mon score ........ /15

# Bilan 9

## Compréhension orale

🎧 092 Écoutez la conversation téléphonique et cochez ou écrivez la bonne réponse.

**1.** L'homme…
a. ☐ prépare un contrat.
b. ☐ recherche un travail.
c. ☐ vient d'obtenir un contrat.

**2.** Quel est le poste ?
........................................................................

**3.** Quelle est la durée du contrat ?
........................................................................

**4.** Pour ce travail, il faut gérer… (3 réponses)
a. ☐ les ventes.
b. ☐ les contrats.
c. ☐ les factures.
d. ☐ l'entretien des locaux.
e. ☐ l'accueil des personnes.

**5.** Quels sont les jours de travail pour ce poste ?
a. ☐ Seulement la journée, en semaine.
b. ☐ Seulement le week-end et les soirs.
c. ☐ En semaine et parfois le week-end et les soirs.

Mon score …… /5

## Compréhension écrite

**Lisez le mail et cochez la bonne réponse.**

---

**Objet : RE : déplacement**   Boîte de réception ✕   mercredi 06/07/2022 17 : 16 (il y a 0 minute)

**A** Alexis LUIZ <alexis.luiz@rhsoleva.fr>   À : catherine.vrisque@rhsoleva.fr

Bonjour Catherine,
J'espère que tu vas bien et que ta visite se passe bien. Je réponds à tes questions.
Je suis en déplacement jusqu'à la fin de la semaine. Pourrais-tu avancer sur quelques dossiers pendant mon absence ? ➜ Bien sûr !
D'abord, il faut finaliser le recrutement de la nouvelle assistante informatique. Son contrat est dans mon armoire : c'est Madame Laurie Rollo. Il me faut absolument la signature du directeur. Dès que tu l'as, tu peux envoyer le contrat, s'il te plaît ? ➜ C'est fait !

Ensuite, j'ai terminé la présentation pour la réunion de service de la semaine prochaine. J'ai besoin des résultats des deux dernières sessions de formation. Je peux te demander de les ajouter ? ➜ D'accord, tu as besoin d'autre chose ? Les bilans des stagiaires ?

Et pour finir, je suis en train d'organiser les journées « théâtre » des 8 et 9 septembre sur le thème : « travailler ensemble ». J'ai identifié deux compagnies intéressantes : contacte-les pour savoir si ces formations sont en ligne ou sur site (nous ne voulons pas de formation en ligne). ➜ J'ai téléphoné à Scènenvous qui organise uniquement des formations en présentiel. J'ai téléchargé leur programme de formation, toutes les informations y sont. Si tu as besoin de le lire à ton retour, il est sur ton bureau. L'autre compagnie, À vous la scène ne peut pas assurer de formations parce qu'il n'y a pas assez de formateurs disponibles : la responsable dit qu'elle va nous recontacter dans deux semaines.

Je fais un point avec toi lundi matin. ➜ C'est noté.
Bon courage et bonne fin de semaine.
Alexis

---

**1.** Catherine…
a. ☐ est absente du bureau.
b. ☐ participe à une formation.
c. ☐ est en réunion avec le directeur.

**2.** Alexis doit…
a. ☐ signer un contrat.
b. ☐ préparer une présentation.
c. ☐ appeler des organismes de formation.

**3.** Quel document se trouve sur le bureau de Catherine ?
a. ☐ Un contrat
b. ☐ Le bilan des stagiaires
c. ☐ Un programme de formation

**4.** Pour les journées des 8 et 9 septembre, …
a. ☐ la formation doit être sur site.
b. ☐ les inscriptions sont terminées.
c. ☐ il n'y a plus de formateurs disponibles.

**5.** Quelle image correspond au programme des journées organisées par Catherine ?

a. ☐     b. ☐     c. ☐

Mon score …… /5

SÉQUENCE
# 28 Organiser un événement

**A2**

## COMPRÉHENSION ORALE

**1.** 🎧 093 Écoutez la conversation téléphonique. Cochez ou écrivez la bonne réponse.

**a.** Quelle est la raison du déplacement de Slimane à Angers ?

 1. ☐    2. ☐    3. ☐

**b.** Quelle est la date de ce déplacement ?

...........................................................................

**c.** Slimane ira à Angers…
1. ☐ seul.
2. ☐ avec deux collègues.
3. ☐ avec trois collègues.

**d.** Comment iront-ils de la gare au bureau d'études ?
En ...............................................................................

**e.** Que feront-ils après le déjeuner ?
1. ☐ Ils visiteront le laboratoire.
2. ☐ Ils rencontreront le directeur.
3. ☐ Ils prendront le train de retour.
4. ☐ Ils assisteront à une présentation.

**f.** Que doit faire Charline dans la semaine ?
1. ☐ Réserver des billets
2. ☐ Confirmer le contrat
3. ☐ Envoyer un document
4. ☐ Communiquer une réponse

## ENTRAÎNEMENT

### Manières de dire

**2.** Complétez le mail avec les éléments suivants.

a. Cordialement
b. ~~Cher Monsieur~~
c. nous vous remercions
d. Nous avons bien reçu
e. Je me tiens à votre disposition
f. Veuillez trouver en pièce jointe

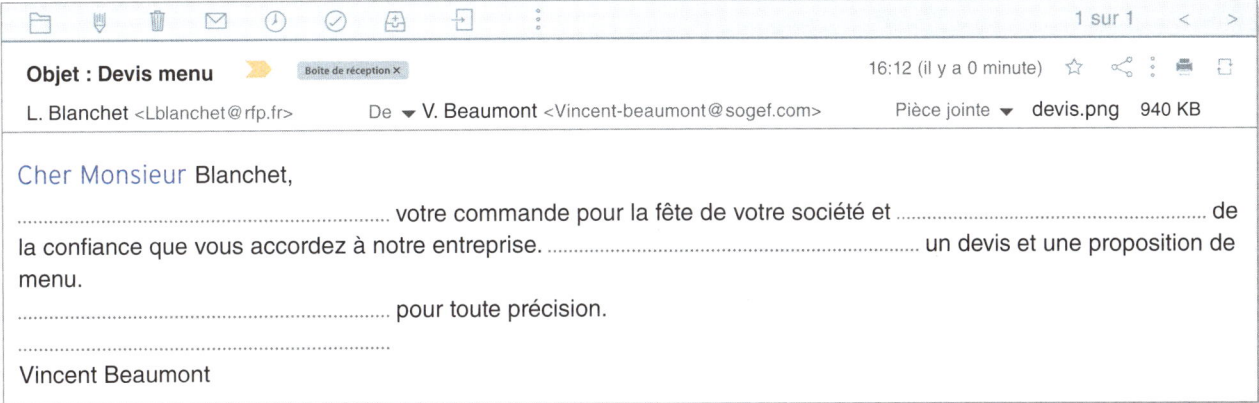

cent trois | 103

## Séquence 28 — Organiser un événement

## Vocabulaire

### 3. Les événements festifs / La proposition commerciale

🎧 094 Écoutez les devinettes et associez aux mots suivants : ~~un anniversaire~~, un buffet, un devis, les invités, des prestations, un tarif.

Ex. : On le fête chaque année. → Un anniversaire

a. ................................................................................................................................................

b. ................................................................................................................................................

c. ................................................................................................................................................

d. ................................................................................................................................................

e. ................................................................................................................................................

### 4. Les indicateurs de temps

Regardez l'agenda de l'hôtesse de l'air et complétez ses commentaires avec les indicateurs de temps suivants : demain, dernier, ~~hier~~, le lendemain, la veille, prochain.

AIR TOURS compagnie — AGENDA

| Mardi 8 | Mercredi 9 | Jeudi 10 | Vendredi 11 | Samedi 12 | Dimanche 13 | Lundi 14 |
|---|---|---|---|---|---|---|
| Milan | Barcelone | Toulouse | Congés | Marseille | Lisbonne | Milan |

Aujourd'hui, je suis en congé. Hier, j'étais à Toulouse et ........................... je suis partie à Barcelone. Mardi ........................... , je suis allée à Milan. ........................... je vais aller à Marseille. ........................... , j'irai à Lisbonne. Lundi ........................... , je retournerai à Milan.

## Grammaire

### 5. La forme négative ne ... rien

**Entourez la forme négative correcte.**

Ex. : Vous ne vous préparez (pas) / rien pour la soirée ?

a. Je suis malade. Je n'ai jamais / rien mangé ce matin.

b. Nous n'avons pas / rien de commande aujourd'hui.

c. Le service RH n'organise plus / rien pour les fêtes de fin d'année ?

d. Jade est très professionnelle. Elle n'arrive jamais / rien en retard aux réunions.

e. Le présentateur parle très mal anglais. Je ne comprends plus / rien.

f. Notre entreprise n'aura pas / rien de contrat en Allemagne cette année.

Organiser un événement  Séquence 28  **A2**

## 6. Le participe passé utilisé comme adjectif

**Complétez les questions avec le participe passé du verbe entre parenthèses. Faites l'accord si nécessaire.**

Ex. : Vous avez trouvé des solutions *(adapter)* **adaptées** ?

a. Est-ce que toutes les personnes *(inscrire)* ............................................. seront là ?

b. Vous distribuerez le programme *(détailler)* ............................................. ?

c. Vous proposerez des produits *(acheter)* ............................................. au marché ?

d. Vous servirez des vins *(connaître)* ............................................. ?

e. Qui réalisera les prestations *(attendre)* ............................................. ?

f. Vous me montrerez toutes les photos *(prendre)* ............................................. pendant l'événement ?

g. Votre équipe proposera une décoration *(choisir)* ............................................. pour l'occasion ?

## Conjugaison

## 7. Le futur simple

**Transformez les actions passées en projets. Utilisez le futur simple.**

Ex. : En janvier, nous avons organisé un grand séminaire. → En janvier, nous organiserons un grand séminaire.

a. En février, deux collègues ont quitté l'entreprise. → .............................................

b. En mars, j'ai pu recruter un nouveau collaborateur. → .............................................

c. En avril, nous avons eu une augmentation de salaire. → .............................................

d. En mai, j'ai pris une semaine de vacances. → .............................................

e. En juin, vous êtes partis aux États-Unis. → .............................................

f. En juillet, tu t'es installé dans ton nouveau bureau. → .............................................

g. En août, mon nouveau stagiaire est arrivé. → .............................................

## Phonie-graphie

### La prononciation du masculin et du féminin des adjectifs

**8. A.** 🎧 095 Écoutez. La prononciation de l'adjectif au masculin et au féminin est identique ou différente ? Cochez.

| Masculin | Féminin | Prononciation identique = | Prononciation différente ≠ |
|---|---|---|---|
| Ex. : Un rendez-vous **pris** | Une photo **prise** | | ✗ |
| 1. Un repas **offert** | Une heure **offerte** | | |
| 2. Un buffet bien **préparé** | Une visite bien **préparée** | | |
| 3. Un catalogue **traduit** | Une proposition **traduite** | | |
| 4. Le document **transmis** | La pièce jointe **transmise** | | |
| 5. Un partenaire **connu** | Une entreprise **connue** | | |
| 6. Un repas **assis** | Une conférence **assise** | | |

**B.** 🎧 095 Réécoutez et répétez.

# SÉQUENCE 29 — Échanger sur sa santé

## COMPRÉHENSION ÉCRITE

**1** Lisez le forum Doctisanté. Cochez la bonne réponse.

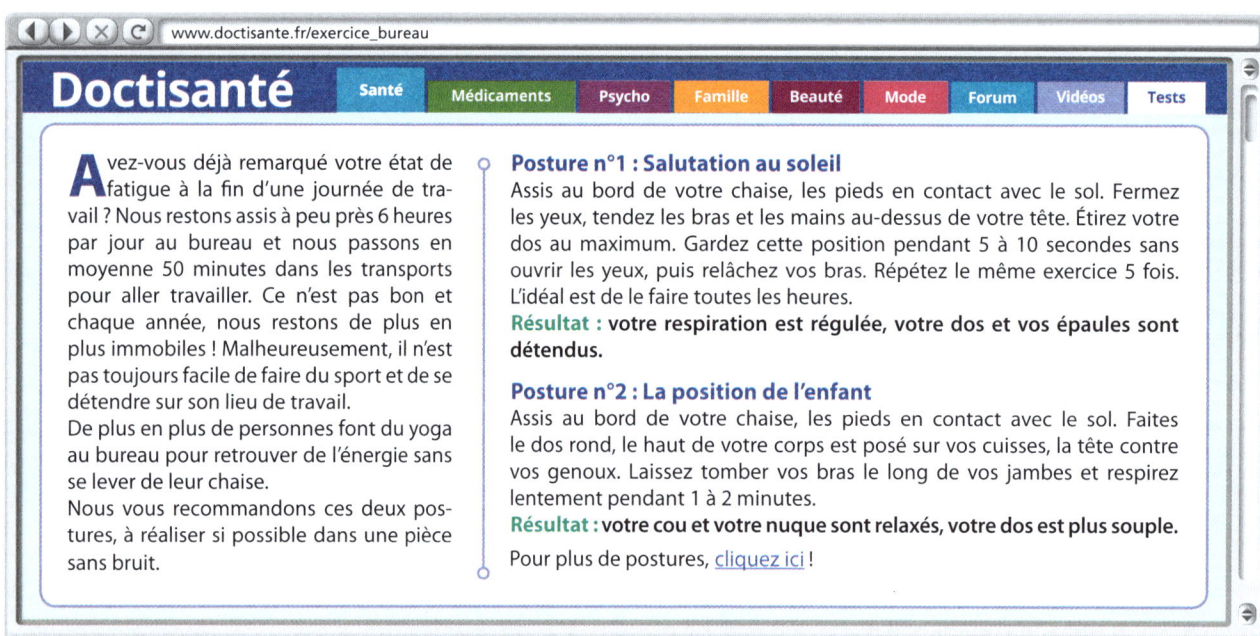

**Doctisanté** — www.doctisante.fr/exercice_bureau
Santé | Médicaments | Psycho | Famille | Beauté | Mode | Forum | Vidéos | Tests

Avez-vous déjà remarqué votre état de fatigue à la fin d'une journée de travail ? Nous restons assis à peu près 6 heures par jour au bureau et nous passons en moyenne 50 minutes dans les transports pour aller travailler. Ce n'est pas bon et chaque année, nous restons de plus en plus immobiles ! Malheureusement, il n'est pas toujours facile de faire du sport et de se détendre sur son lieu de travail.
De plus en plus de personnes font du yoga au bureau pour retrouver de l'énergie sans se lever de leur chaise.
Nous vous recommandons ces deux postures, à réaliser si possible dans une pièce sans bruit.

**Posture n°1 : Salutation au soleil**
Assis au bord de votre chaise, les pieds en contact avec le sol. Fermez les yeux, tendez les bras et les mains au-dessus de votre tête. Étirez votre dos au maximum. Gardez cette position pendant 5 à 10 secondes sans ouvrir les yeux, puis relâchez vos bras. Répétez le même exercice 5 fois. L'idéal est de le faire toutes les heures.
**Résultat :** votre respiration est régulée, votre dos et vos épaules sont détendus.

**Posture n°2 : La position de l'enfant**
Assis au bord de votre chaise, les pieds en contact avec le sol. Faites le dos rond, le haut de votre corps est posé sur vos cuisses, la tête contre vos genoux. Laissez tomber vos bras le long de vos jambes et respirez lentement pendant 1 à 2 minutes.
**Résultat :** votre cou et votre nuque sont relaxés, votre dos est plus souple.

Pour plus de postures, cliquez ici !

**a.** Selon l'article, quel est la cause de notre manque d'énergie ?
1. ☐ L'excès de travail
2. ☐ L'absence de sport
3. ☐ Le manque de mouvement

**b.** Le nombre de personnes qui pratiquent le yoga au bureau est…
1. ☐ croissant.
2. ☐ stable.
3. ☐ décroissant.

**c.** Quel dessin correspond à la posture n°1 ?

1. ☐   2. ☐   3. ☐

**d.** Quel dessin correspond à la posture n°2 ?

1. ☐   2. ☐   3. ☐

## ENTRAÎNEMENT

### Manières de dire

**2** 🎧 096 Écoutez les questions. Associez chaque question à la réponse correspondante.

Ex. : – a. Quels problèmes peuvent causer les écrans ?
   – On peut avoir mal aux yeux et à la tête.

1. ............. Quelques secondes.
2. ............. Les gens souffrent parce qu'ils se tiennent mal.

3. .......... Tendez les bras au-dessus de votre tête.

4. .......... Il doit être à environ 15 centimètres du bureau.

5. .......... Les deux écrans doivent être à la même hauteur.

6. .......... Il est recommandé de le placer face à vous.

## Vocabulaire

### 3. Le corps et les problèmes de santé

Décrivez les problèmes de santé et indiquez les parties du corps avec les mots : douleur, douleurs, mal (× 3), souffre, dos, fatigue visuelle, jambe, poignet, ~~tête~~, ventre.

Ex. : Elle a **mal** à la **tête**.

a. Il a une .................... au .................... .

b. Il a .................... au .................... .

c. Elle a des .................... à la .................... .

d. Elle a .................... au .................... .

e. Elle .................... de .................... .

### 4. Les positions

Décrivez les photos avec : ~~face à~~, contre, à la même hauteur, au-dessus de, en dessous de, proche de, en contact avec. Attention aux articles contractés !

a. La personne est face à deux écrans qui sont .................... .
Sa main droite est ....................
la souris de l'ordinateur.
Le clavier est .................... la souris.

b. Sur le bureau, il y a deux ordinateurs.
....................
bureau, il y a une étagère avec deux cadres photos posés .................... le mur.
.................... bureau, il y a deux chaises.

## Grammaire

### 5. *De plus en plus (de) / de moins en moins (de)*

Transformez les phrases avec l'indication donnée. Faites les modifications nécessaires.

Ex. : Les gens (+) ont mal au dos. → De plus en plus de gens ont mal au dos.

a. On fait de l'exercice physique (-). → ....................
b. Il faut (+) faire attention à sa santé. → ....................

# Séquence 29 — Échanger sur sa santé

c. Avec nos nouvelles chaises, nous avons (-) mal au dos. → ...........................................
d. Mes yeux sont (+) fatigués à cause de la lumière bleue. → ...........................................
e. Avec ses nouvelles lunettes, elle a des problèmes visuels (-). → ...........................................
f. Les problèmes de santé liés aux écrans impactent les gens (+). → ...........................................

## 6. Le même, la même, les mêmes

**Reformulez les phrases avec *le même, la même, les mêmes*.**

Ex. : Les deux écrans doivent être à une hauteur similaire. = Les deux écrans doivent être à la même hauteur.

a. On a eu une idée similaire. = ...........................................
b. Nous avons des chaises identiques. = ...........................................
c. Ils ont acheté des paires de lunettes différentes. = ...........................................
d. J'ai un problème similaire à ton problème. = ...........................................
e. Vos ordinateurs sont identiques. = ...........................................
f. Elles ont deux responsables différentes. = ...........................................

## 7. La préposition *sans*

**Associez pour former des phrases.**

a. Un produit qui ne contient pas d'additifs est un produit
b. Un texte bien écrit est un texte
c. Je ne travaille pas demain, il faudra faire
d. Un film muet est un film
e. Je n'ai pas eu de problème pour réussir : j'ai réussi
f. L'eau et les jus de fruits sont des boissons
g. Faire une nuit blanche, c'est passer une nuit

1. sans parole.
2. sans alcool.
3. sans erreur.
4. sans difficulté.
5. sans substance artificielle.
6. sans dormir.
7. sans moi.

# Conjugaison

## 8. La forme passive

**(097) Écoutez et indiquez si les phrases sont à la forme active ou à la forme passive.**

Ex. : Les mains sont posées sur le clavier.

|   | Ex. | a. | b. | c. | d. | e. | f. |
|---|---|---|---|---|---|---|---|
| Forme active |   |   |   |   |   |   |   |
| Forme passive | X |   |   |   |   |   |   |

# Phonie-graphie

## Quelques homophones

**9. (098) Écoutez et entourez le mot correct.**

Ex. : Il a très mal au dos. → (au) / aux

a. à / a
b. cent / sans
c. cou / coût
d. sens / cent
e. au / aux
f. cent / sans
g. on a / on n'a
h. peu / peut

# SÉQUENCE 30
# Décrire un comportement et des habitudes

**A2**

## COMPRÉHENSION ORALE

**1.** 🎧 099 Écoutez le micro-trottoir. Cochez ou écrivez la bonne réponse.

a. 🔖 La femme interrogée a des animaux de compagnie.
1. ☐ Vrai    2. ☐ Faux

b. 🔖 Elle habite dans sa maison depuis combien d'années ?
Depuis ............................................................

c. 🔖 L'homme interrogé connaît bien ses voisins.
1. ☐ Vrai    2. ☐ Faux

d. 🔖 Pourquoi ?
............................................................

e. 🔖 Il est…
1. ☐ timide.    2. ☐ énergique.    3. ☐ indépendant.

f. 🔖 Quel était le problème avec ses colocataires ?

1. ☐     2. ☐     3. ☐

## ENTRAÎNEMENT

### Manières de dire

**2.** Complétez les dialogues avec : ~~Je n'ai aucun rythme~~ / Quand j'ai fini de manger / Je suis timide / On peut sortir ensemble de temps en temps / Quelle activité te motive pour sortir le week-end ? / je discute avec les gens / À quelle fréquence tu fais le ménage ?

Ex. : – Quel rythme de vie te correspond ?
– Je n'ai aucun rythme.

a. – Dans quel comportement tu te reconnais ?
– ............................................ . Je reste dans ma chambre.

b. – ............................................
– Une fois par semaine, ça suffit.

c. – Quel caractère te correspond le plus ?
– Je suis sociable et ............................................ .

d. – Une colocation réussie, qu'est-ce que ça veut dire pour toi ?
– ............................................ .

e. – Quand est-ce que tu fais la vaisselle ?
– ............................................ .

f. – ............................................
– Je suis toujours partant(e) pour faire la fête.

cent neuf | **109**

Séquence 30 — Décrire un comportement et des habitudes

## Vocabulaire

### 3. Les tâches ménagères

Irène prépare le planning des tâches ménagères de sa colocation. Complétez avec : ~~sortir les poubelles~~ / faire les courses / préparer les repas / faire la vaisselle / faire le ménage / faire la lessive.

**Sortir les poubelles**
Moi
Mardi : déchets plastiques, papiers…
Jeudi : déchets organiques.

..............
Héloïse - lundi
La liste est sur le frigo !

..............
Thomas - mercredi
L'aspirateur ne fonctionne plus, il faut passer le balai et nettoyer la salle de bain.

..............
Héloïse - vendredi
Une machine de blanc et une machine de couleur.

..............
Moi - tous les soirs
Qui ne dîne pas à la maison cette semaine ?

..............
Marc
Tous les jours de la semaine et après chaque repas ! N'attends pas ! ;-)

### 4. Le caractère

Mettez les lettres dans l'ordre pour retrouver le caractère.

Ex. : LI STE BSOICAEL = IL EST SOCIABLE.

a. LI TSE FCAIT

b. LLEE A EL SSNE ED LOM'HRUU

c. LI ETS IITMED

d. LELE STE ED UVAEMAIS HMUERU

e. EELL SET MEACL

f. LI TSE VITNORREIT

## Grammaire

### 5. Les pronoms interrogatifs *Quoi* et *Que*

Transformez les phrases comme dans l'exemple.

Ex. : Que faites-vous le soir ? → forme standard : Qu'est-ce que vous faites le soir ?

a. Qu'est-ce qu'elles mangent au dîner ? → forme formelle : ..............
b. Qu'ont-ils étudié ? → forme standard : ..............
c. Que préfère-t-elle ? → forme familière : ..............
d. Je nettoie quoi ? → forme standard : ..............
e. Vous pensez quoi de la colocation ? → forme formelle : ..............
f. Qu'est-ce que c'est ? → forme familière : ..............

Décrire un comportement et des habitudes    Séquence 30    A2

## 6 L'adjectif indéfini *aucun, aucune*

**A. Entourez le pronom qui convient.**

Ex. : (Aucun) / Aucune voisin ne veut prendre un verre avec moi.

1. Il ne prépare aucun / aucune repas.
2. Aucun / Aucune tâche ménagère ne me plaît.
3. Ils n'achètent aucun / aucune légume.
4. Je ne vais à aucun / aucune soirée la semaine.
5. Aucun / Aucune lumière ne fonctionne.
6. Aucun / Aucune animal n'est accepté.

**B. Transformez avec le pronom indéfini *aucun, aucune*.**

Ex. : Je prépare tous les repas. → Je **ne** prépare **aucun** repas.

1. Il connaît tous les voisins. → ...........................................................................................................
2. Toutes les pièces sont propres. → ....................................................................................................
3. Vous comprenez toutes les questions ? → .......................................................................................
4. Tous les colocataires regardent la télévision. → ...............................................................................
5. J'ai mangé tous les gâteaux. → .........................................................................................................
6. Vous avez regardé toutes les séries. → .............................................................................................

## 7 Le pronom interrogatif *quel, quelle, quels, quelles* + nom

**Complétez avec un pronom interrogatif et conjuguez le verbe au présent.**

Ex. : ............. jeux t'*(amuser)* ............................ ? → **Quels** jeux **t'amusent** ?

a. ........................ profil te *(ressembler)* ........................ ?
b. ........................ comportements t'*(énerver)* ........................ le plus ?
c. ........................ maison *(être)* ........................ faite pour toi ?
d. ........................ activités quotidiennes te *(prendre)* ........................ le plus de temps ?
e. ........................ loisirs t'*(intéresser)* ........................ ?
f. ........................ chambre te *(plaire)* ........................ ?

## 8 Les mots interrogatifs composés

🎧 100 **Écoutez les questions et associez aux réponses.**

Ex. : Question 1. Dans quel domaine travaille-t-il ?

Question 1 •    • a. Pour toi.
Question 2 •    • b. Depuis 1 an.
Question 3 •    • c. Dans l'informatique.
Question 4 •    • d. Chez des collègues.
Question 5 •    • e. Avec mon adresse perso.
Question 6 •    • f. Avec des amis de l'université.

## Phonie-graphie

### Les graphies des sons [s] comme *sortir*, [z] comme *utiliser* et [k] comme *qui*.

🎧 101 **9 Écoutez les phrases et complétez avec les lettres suivantes.**

son [s] : s, ss, ç, c    son [k] : c, cc, qu    son [z] : s, z

Ex. : La ........olo........a ........ignifie ........oi pour toi ? → La **c**olo**c** **ç**a **s**ignifie **qu**oi pour toi ?

a. Je m'o........upe de faire la le........ive.
b. J'habite au ........ator........ième étage.
c. Je ........uis de mauvai........e humeur ........e ........oir.
d. ........'est une fa........on de faire des é........onomies.
e. ........e n'est pas né...e........aire d'e........uyer la vai........elle.

# Bilan 10

## Structures de la langue

**Cochez la bonne réponse.**

**1.** 🔖 C'est un événement…
- a. ☐ réussi.
- b. ☐ réussie.
- c. ☐ réussis.
- d. ☐ réussies.

**2.** 🔖 Il vous … un rendez-vous.
- a. ☐ proposerai
- b. ☐ proposeras
- c. ☐ proposera
- d. ☐ proposerez

**3.** 🔖 Nous … en retard, désolées !
- a. ☐ irons
- b. ☐ ferons
- c. ☐ serons
- d. ☐ aurons

**4.** 🔖 Il y a … problèmes dans l'entreprise.
- a. ☐ plus
- b. ☐ pas plus
- c. ☐ de plus en plus
- d. ☐ de plus en plus de

**5.** 🔖 … gens font du sport.
- a. ☐ Moins
- b. ☐ Pas moins
- c. ☐ De moins en moins
- d. ☐ De moins en moins de

**6.** 🔖 C'est impossible de travailler … ordinateur.
- a. ☐ sans
- b. ☐ pas d'
- c. ☐ pas un
- d. ☐ sans les

**7.** 🔖 Une machine à café … à disposition des salariés.
- a. ☐ a mis
- b. ☐ a mise
- c. ☐ est mis
- d. ☐ est mise

**8.** 🔖 … elle va faire demain ?
- a. ☐ Qu'
- b. ☐ Quoi
- c. ☐ Quelle
- d. ☐ Qu'est-ce qu'

**9.** 🔖 On mange … à la cafétéria ?
- a. ☐ qu'
- b. ☐ quoi
- c. ☐ quelle
- d. ☐ qu'est-ce qu'

**10.** 🔖 … sport ne m'intéresse.
- a. ☐ Pas
- b. ☐ Rien
- c. ☐ Aucun
- d. ☐ Pas de

**11.** 🔖 Vous ne faites … tâche ménagère.
- a. ☐ rien
- b. ☐ pas la
- c. ☐ jamais
- d. ☐ aucune

**12.** 🔖 – … tu déjeunes ce midi ?
– Avec Alexandra.
- a. ☐ Avec qui
- b. ☐ Avec quoi
- c. ☐ Avec quel
- d. ☐ Avec quelle

**13.** 🔖 – Ils vont … bureau ?
– Dans celui du premier étage.
- a. ☐ dans quel
- b. ☐ dans quoi
- c. ☐ dans quels
- d. ☐ dans quelle

**14.** 🔖 – Il est né … quelle année ?
– 1984.
- a. ☐ à
- b. ☐ en
- c. ☐ de
- d. ☐ dans

**15.** 🔖 J'aime bien aller au marché pour faire…
- a. ☐ un cours.
- b. ☐ la course.
- c. ☐ les cours.
- d. ☐ les courses.

Mon score …… /15

# Bilan 10 — A2

## Compréhension orale

🎧 102 Écoutez l'échange téléphonique entre Claire et le responsable de l'organisation du Salon de la Santé. Cochez la bonne réponse.

1. Les entrées sont comptées par des…
a. ☐ caméras.  b. ☐ employés.  c. ☐ machines.

2. On compte les visiteurs de la même manière à l'entrée et à la sortie du Salon.
a. ☐ Vrai  b. ☐ Faux  c. ☐ On ne sait pas.

3. Il y a … conférence(s) par heure.
a. ☐ une  b. ☐ deux  c. ☐ trois

4. La dernière conférence a lieu à…
a. ☐ 10 h.  b. ☐ 17 h 30.  c. ☐ 18 h.

5. On installera les stands de restauration…
a. ☐ dans deux jours.
b. ☐ la semaine prochaine.
c. ☐ le premier jour du Salon.

**Mon score ……… /5**

## Compréhension écrite

Lisez le document partagé entre des étudiants et leurs tuteurs et cochez la bonne réponse.

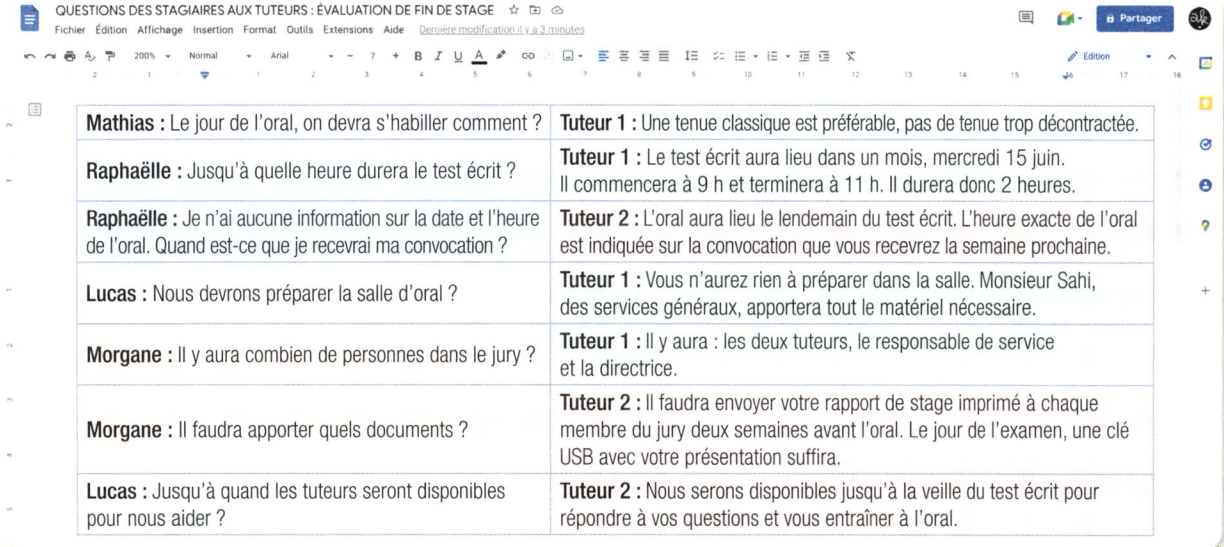

| | |
|---|---|
| **Mathias** : Le jour de l'oral, on devra s'habiller comment ? | **Tuteur 1** : Une tenue classique est préférable, pas de tenue trop décontractée. |
| **Raphaëlle** : Jusqu'à quelle heure durera le test écrit ? | **Tuteur 1** : Le test écrit aura lieu dans un mois, mercredi 15 juin. Il commencera à 9 h et terminera à 11 h. Il durera donc 2 heures. |
| **Raphaëlle** : Je n'ai aucune information sur la date et l'heure de l'oral. Quand est-ce que je recevrai ma convocation ? | **Tuteur 2** : L'oral aura lieu le lendemain du test écrit. L'heure exacte de l'oral est indiquée sur la convocation que vous recevrez la semaine prochaine. |
| **Lucas** : Nous devrons préparer la salle d'oral ? | **Tuteur 1** : Vous n'aurez rien à préparer dans la salle. Monsieur Sahi, des services généraux, apportera tout le matériel nécessaire. |
| **Morgane** : Il y aura combien de personnes dans le jury ? | **Tuteur 1** : Il y aura : les deux tuteurs, le responsable de service et la directrice. |
| **Morgane** : Il faudra apporter quels documents ? | **Tuteur 2** : Il faudra envoyer votre rapport de stage imprimé à chaque membre du jury deux semaines avant l'oral. Le jour de l'examen, une clé USB avec votre présentation suffira. |
| **Lucas** : Jusqu'à quand les tuteurs seront disponibles pour nous aider ? | **Tuteur 2** : Nous serons disponibles jusqu'à la veille du test écrit pour répondre à vos questions et vous entraîner à l'oral. |

1. L'oral aura lieu…
a. ☐ mardi 14 juin.
b. ☐ mercredi 15 juin.
c. ☐ jeudi 16 juin.

2. Les stagiaires recevront leur convocation…
a. ☐ demain.
b. ☐ dans une semaine.
c. ☐ dans 15 jours.

3. Le rapport de stage doit être envoyé à … personne(s).
a. ☐ une  b. ☐ trois  c. ☐ quatre

4. Le jury doit recevoir le rapport de stage…
a. ☐ le 1er juin.  b. ☐ le 15 juin.  c. ☐ le 16 juin.

5. Les stagiaires pourront demander de l'aide aux tuteurs jusqu'au…
a. ☐ 1er juin.  b. ☐ 14 juin.  c. ☐ 15 juin.

**Mon score ……… /5**

# TRANSCRIPTIONS

## Séquence 1 / Se présenter — p. 4-6

**7 A** 🎧002 *Exemple : Habiter*
**1.** Écouter ; **2.** Parler ; **3.** Participer ; **4.** Travailler ; **5.** Regarder ; **6.** Présenter.

**8 A** 🎧003 *Exemple : pharmacien*
**1.** mécanicien ; **2.** informaticienne ; **3.** physicienne ; **4.** électricien ; **5.** chirurgienne ; **6.** comédienne.

**8 B** 🎧004 *Exemple : Je suis musicienne.*
**1.** Je suis mathématicienne. ; **2.** Je suis chirurgien. ; **3.** Je suis technicien. ; **4.** Je suis pharmacienne. ; **5.** Je suis politicien. ; **6.** Je suis magicienne.

## Séquence 2 / Donner des informations personnelles — p. 7-9

**1** 🎧005 **Stéphane :** Salut Léa. Tu fais quoi ?
**Léa :** Salut Stéphane. J'envoie une candidature pour un stage.
**Stéphane :** Ah oui ? Dans quelle entreprise ?
**Léa :** Digital Center, une entreprise anglaise, à Londres.
**Stéphane :** Une entreprise d'informatique ?
**Léa :** Oui.
**Stéphane :** Super !
**Léa :** Je continue… Léa… Marty… Nationalité… belge. Je parle français, anglais et flamand. Études… j'étudie la finance à… Bruxelles et je recherche un stage de 6 mois à partir du 8 septembre, au service financier. Je suis disponible pour un rendez-vous téléphonique. Mon CV… OK… ma lettre de motivation… OK. Je clique sur « envoyer ». Voilà !
**Stéphane :** Bonne chance Léa.
**Léa :** Merci.

**3** 🎧006 *Exemple : 12*
29 ; 16 ; 15 ; 3 ; 21 ; 8 ; 19 ; 25.

**4** 🎧007 *Exemple : Je suis disponible le 15 août.*
**a.** Rendez-vous le 12 septembre. ; **b.** Je recherche un stage à partir du 10 janvier. ; **c.** Je suis disponible à partir du 3 février. ; **d.** La conférence est le 29 juin. ; **e.** J'ai un rendez-vous le 1er juillet. ; **f.** Vous êtes disponibles le 14 novembre.

**10 A** 🎧008 *Exemple : les candidatures / les candidatures*
**1.** le stage / les stages ; **2.** les droits / le droit ; **3.** les lettres / les lettres ; **4.** le commerce / le commerce ; **5.** le CV / les CV ; **6.** les langues / les langues.

**10 B** 🎧009 *Exemple : les lettres*
**1.** le journalisme ; **2.** le dessin ; **3.** les stagiaires ; **4.** les sciences politiques ; **5.** le sport ; **6.** les études.

## Séquence 3 / Présenter une personne — p. 10-12

**3** 🎧010 *Exemple : Trois places de cinéma : trente-six euros et trente centimes.*
**a.** Un billet de train Paris-Marseille : soixante-six euros. ; **b.** Une bouteille de champagne : trente et un euros et cinquante centimes. ; **c.** Un sac à dos : quarante-neuf euros et soixante centimes. ; **d.** Un bracelet : vingt-sept euros et trente-cinq centimes. ; **e.** Un bouquet de fleurs : cinquante-cinq euros. ; **f.** Un cadre photo : vingt-deux euros et dix centimes.

**8 B** 🎧011 *Exemple : Le pantalon coûte huit euros.*
1. Vous allez en Espagne pour le travail ?
2. Je suis disponible pour un entretien en août.
3. Ils ont un appartement à Londres, en Angleterre.
4. Je vais en Amérique du Sud pour étudier les arts.
5. Les entretiens pour le stage sont le vingt et un juillet.
6. Nous avons deux enfants : Jonas a cinq ans et Diane a neuf ans.

## BILAN 1

### COMPRÉHENSION ORALE 🎧012 — p. 14

**Le directeur :** Bonjour Madame Fuchs, vous êtes la nouvelle commerciale du service. Bienvenue chez Olior ! Vous pouvez vous présenter à l'équipe ?
**Céline Fuchs :** Bonjour tout le monde ! Eh bien… Je m'appelle Céline Fuchs, je suis belge. Je parle français, anglais et allemand. J'ai 47 ans et j'ai trois enfants : une fille de 7 ans et deux garçons. Ils ont 9 ans et 12 ans. J'habite à Paris.

## Séquence 4 / Demander des informations personnelles — p. 15-17

**1** 🎧013 **Employé de l'ambassade :** Bonjour Madame, quel est votre nom ?
**Madame Esposito :** Esposito.
**Employé de l'ambassade :** Et votre prénom ?
**Madame Esposito :** Julia.
**Employé de l'ambassade :** Quelle est votre ville de résidence ?
**Madame Esposito :** J'habite à Rome.
**Employé de l'ambassade :** Quelle est votre nationalité ?
**Madame Esposito :** Je suis italienne.
**Employé de l'ambassade :** Votre profession, s'il vous plaît ?
**Madame Esposito :** Je suis journaliste.
**Employé de l'ambassade :** Quel est votre âge ?
**Madame Esposito :** 32 ans.
**Employé de l'ambassade :** Vous êtes mariée ?
**Madame Esposito :** Non. Je suis divorcée et j'ai deux enfants.
**Employé de l'ambassade :** Quel jour vous prenez l'avion pour Paris ?
**Madame Esposito :** Le 15 mars.

**2** 🎧014 *Exemple : a. Quel est votre âge ?*
**b.** Vous travaillez à Paris ? ; **c.** Quelle est votre profession ? ; **d.** Avez-vous le permis de conduire ? ; **e.** Prenez-vous les transports en commun ? ; **f.** Vous travaillez dans les transports en commun ? ; **g.** Quel est votre mode de déplacement le week-end ?

**8 A** 🎧015 *Exemple : Je vais à Tokyo.*
**1.** J'étudie à la maison. ; **2.** Elle utilise les réseaux sociaux. ; **3.** Il prend le métro et il traite ses mails. ; **4.** Je ne téléphone pas dans la voiture. ; **5.** Je regarde des films pendant le trajet. ; **6.** Tu écoutes de la musique sur le téléphone.

## Séquence 5 / Planifier des actions — p. 18-20

**2** 🎧016 *Exemple : Louis, qu'est-ce que tu proposes ?*
**a.** Qui fait le diaporama ? C'est toi Martin ? ; **b.** Je vais fixer un rendez-vous avec les clients. ; **c.** Bonne idée ! ; **d.** Vous avez des propositions ? ; **e.** Aujourd'hui, nous devons préparer la réunion. ; **f.** Ce n'est pas moi. ; **g.** Qu'est-ce qu'on fait ? ; **h.** C'est bien !

**7** 🎧017 *Exemple : Je vais fixer un rendez-vous cet après-midi.*
**a.** Nous appelons le service client. ; **b.** Ils vont faire la présentation. ; **c.** Elle va préparer le fichier Excel. ; **d.** Vous allez à la réunion ? ; **e.** Vous ne faites pas le diaporama. ; **f.** Qui va contacter la presse ? ; **g.** Nous n'allons pas organiser l'événement. ; **h.** J'envoie le message demain.

**9 A** 🎧018 *Exemple : C'est parfait !*
**1.** responsable ; **2.** préparer ; **3.** C'est d'accord ! ; **4.** un message ; **5.** À quelle heure ? ; **6.** notre page.

**9 B** 🎧019 *Exemple : Sabine, vous avez des idées ?*
**1.** Tu vas fixer un rendez-vous avec la graphiste. ; **2.** Ce matin, j'assiste au défilé. ; **3.** Qui fait l'annonce sur notre site ? ; **4.** Samedi, nous allons appeler les clients. ; **5.** Mardi, je contacte le service informatique. ; **6.** Cet après-midi, vous préparez le message.

## Séquence 6 / Prendre une décision — p. 21-23

**1** 🎧020 **Juan :** Alba, Élodie, qu'est-ce qu'on offre à Christophe et Jeanne pour leur anniversaire de mariage ? Vous avez une idée ?
**Élodie :** Hmmm… On peut offrir un album photo de leurs 20 ans de mariage ? Juan, tu es d'accord ?
**Juan :** Ah oui, bonne idée ! Tu sais combien coûte l'album Élodie ?
**Élodie :** Ça coûte environ 60 €.
**Alba :** C'est bien mais… j'ai une autre proposition : une nuit dans une cabane ! C'est environ 70 €.
**Juan :** C'est super Alba ! Christophe aime beaucoup la nature.
**Élodie :** Ah non, ce n'est pas une bonne idée. Jeanne déteste les insectes ! Et… Un week-end en amoureux dans un spa ?
**Juan :** C'est top ! J'adore ton idée Élodie.
**Alba :** Moi aussi, super ! Tu sais combien ça coûte ?
**Élodie :** C'est 240 € pour deux personnes.
**Alba :** Parfait. Et on peut ajouter l'album photo à 60 €. Ça fait… 100 € par personne pour les deux cadeaux. C'est OK ?
**Juan :** Oui oui, c'est bien.
**Élodie :** Oui, parfait.

**3** 🎧021 *Exemple : Un abonnement au club de théâtre : cinq cent quatre-vingt-huit euros.*

# TRANSCRIPTIONS

**a.** Un billet d'avion Paris-New York : trois cent quarante-trois euros. ;
**b.** Deux places de concert : cent sept euros et cinquante centimes. ;
**c.** Une initiation au parapente : quatre-vingt-dix-neuf euros et quatre-vingt-dix-neuf centimes. ; **d.** Un week-end dans un château : cent trente-six euros. ; **e.** Une journée au spa : cent soixante-cinq euros et vingt et un centimes. ; **f.** Un dîner gastronomique à la tour Eiffel : deux cent quarante-cinq euros.

**5** 🎧 022 *Exemple : Quel est son prénom ?*
**a.** Quelle est ton activité sportive préférée ? ; **b.** Quel est leur numéro de téléphone ? ; **c.** Quelles sont vos disponibilités ? ; **d.** Quelle est sa nationalité ? ; **e.** Quelles sont leurs activités sportives ? ; **f.** Quelle est notre décision ?

**9 A** 🎧 023 *Exemple : seau / son*
**1.** vos / vont ; **2.** don / dos ; **3.** tronc / trop ; **4.** tôt / ton ; **5.** faux / font ; **6.** nom / nos.

**9 B** 🎧 024 *Exemple : Quelles sont vos idées ?*
**1.** Ils font déjà du judo. ; **2.** Bientôt au théâtre ! ; **3.** Ça coûte quatre euros. ; **4.** Nous avons un message audio. ; **5.** J'ai une autre proposition. ; **6.** Elle utilise beaucoup son sac à dos.

## BILAN 2

### COMPRÉHENSION ORALE 🎧 025                                       p. 25

**Le directeur :** Bonjour à tous. Aujourd'hui nous devons préparer le nouveau catalogue des vacances pour les salariés. Nous avons quatre propositions. Nous allons devoir en sélectionner deux. Annabelle, quelle est la proposition numéro 1 ?
**Annabelle :** Eh bien, la proposition numéro 1, c'est un voyage d'une semaine en République dominicaine. Le voyage coûte 1 000 € pour deux personnes avec l'avion et l'hôtel. Les activités sont en option.
**Le directeur :** Très bien. Et quelles sont les activités ?
**Annabelle :** Du sport, des activités artistiques et des visites culturelles.
**Le directeur :** Parfait ! Et les propositions suivantes ?
**Hervé :** Nous proposons un week-end sur l'île d'Oléron. Ça coûte 200 € par personne, avec l'hôtel et le voyage en train. Les repas ne sont pas inclus dans le budget. La proposition numéro 3, c'est une journée à Disneyland. Un pass pour quatre personnes coûte environ 120 €.
**Le directeur :** Qui peut bénéficier du pass ?
**Hervé :** Deux adultes et deux enfants.
**Le directeur :** Ah, bien !
**Annabelle :** La proposition numéro 4 est une visite des Châteaux de la Loire. La visite dure une journée et coûte 98 € pour une personne avec le déplacement en bus et le guide touristique. Le pique-nique n'est pas compris dans le prix.

### Séquence 7 / Décrire un espace de travail                p. 26-28

**4** 🎧 026 *Exemple : vieille*
**a.** fermé(e) ; **b.** ouverte ; **c.** grand ; **d.** individuel(le) ; **e.** bon ; **f.** bonne ; **g.** belle.

**9** 🎧 027 *Exemple : Tu peux fermer le bureau ?*
**a.** Je veux modifier l'espace de travail. ; **b.** C'est noté ! ; **c.** C'est une bonne idée ! ; **d.** Est-ce que vous avez une solution ? ; **e.** Je voudrais un bureau privé. ; **f.** Les personnes peuvent téléphoner. ; **g.** La salle de réunion est fermée. ; **h.** Vous voulez des cabines ?

### Séquence 8 / Donner des instructions                    p. 29-31

**1** 🎧 028 **Leïla :** Bonjour à tous.
**Eddy :** Bonjour Leïla !
**Samantha :** Bonjour !
**Leïla :** Regardons le planning de la semaine. Eddy, peux-tu traiter les mails urgents s'il te plaît ? N'oublie pas de répondre à l'invitation de notre partenaire pour la visite de la boutique de Strasbourg. C'est bien le 15 avril ?
**Eddy :** Oui, le matin. Je vais réserver les billets de train cet après-midi.
**Leïla :** Parfait ! Mais prends deux places parce que tu viens avec moi. Ce matin, je vais travailler avec Thierry pour préparer notre catalogue. Appelle Madame Letai pour fixer un rendez-vous. Je voudrais parler de la nouvelle collection avec elle.
**Eddy :** Demain matin, c'est bien ?
**Leïla :** Hmmm... je ne peux pas parce que j'ai une réunion avec le service financier. Demande un rendez-vous mercredi, tôt l'après-midi. Et lis et commente ses propositions.
**Eddy :** D'accord !

**Leïla :** Samantha, peux-tu faire le diaporama pour présenter notre nouveau produit ? Je fais un point avec toi après-demain.
**Samantha :** Après-demain je ne peux pas, parce que je vais former le nouveau stagiaire.
**Leïla :** Ah oui. Faisons le point jeudi matin alors.

**2** 🎧 029 *Exemple : Je ne viens pas au bureau demain parce que je suis en formation.*
**a.** Je vais contacter les clients pour fixer un rendez-vous. ; **b.** Je ne peux pas organiser la réunion parce que je suis en déplacement. ; **c.** N'oubliez pas d'appeler le service comptabilité. ; **d.** Pouvez-vous présenter la collection ? ; **e.** Je vais rencontrer la cliente parce que nous allons travailler avec elle. ; **f.** Il va sur le site du restaurant pour réserver une table.

**10 A** 🎧 030 *Exemple : Contacte*
**1.** Appelez ; **2.** Organisez ; **3.** Visite ; **4.** Ayez ; **5.** N'oubliez pas ; **6.** Réserve.

**10 B** 🎧 031 *Exemple : Prépare le dossier.*
**1.** Rencontre les clients. ; **2.** Notez les informations. ; **3.** Illustre le diaporama. ; **4.** Demandez les contrats. ; **5.** Travaillez avec le service client. ; **6.** Assiste à la réunion.

### Séquence 9 / Commander un repas                         p. 32-34

**9** 🎧 032 *Exemple : la composition*
**a.** des champignons ; **b.** une boisson ; **c.** une orange ; **d.** un concombre ; **e.** comptable ; **f.** des citrons ; **g.** des framboises ; **h.** du saumon.

## BILAN 3

### COMPRÉHENSION ORALE 🎧 033                                       p. 36

**1 a.** Qu'est-ce que vous mangez le matin ?
**1.** Oui, parce que manger est important.
**2.** Va sur le site et commande 3 pizzas pour notre déjeuner.
**3.** Je vais acheter des tomates et des concombres pour la salade.
**4.** Je bois un verre d'eau et je prends des céréales avec du lait.

**b.** Quels sont vos besoins ?
**1.** C'est une bonne idée !
**2.** Samir va préparer les boissons.
**3.** Je voudrais un espace moderne.
**4.** N'oublie pas de réserver nos billets de train.

**c.** Pourquoi Julia est absente aujourd'hui ?
**1.** Parce qu'elle est en formation.
**2.** Parce que son bureau est vieux.
**3.** Parce que tu n'aimes pas le poulet.
**4.** Parce que je vais faire un point avec vous.

**2** 🎧 034 – Quelles sont tes instructions pour demain ?
– Préparez la salle de réunion. Nous avons besoin d'un vidéoprojecteur. Appelez le service informatique. Et n'oubliez pas de commander des bouteilles d'eau pour les participants.
– C'est noté !

### Séquence 10 / Régler des problèmes                      p. 37-39

**1** 🎧 035 **Dialogue 1**
– Bonjour Madame, comment participez-vous à la protection de l'environnement ?
– Moi, je bois beaucoup d'eau, mais je n'utilise pas de gobelets en plastique. Et au bureau, j'utilise un mug pour mon café.

**Dialogue 2**
– Bonjour, quelles sont vos habitudes pour protéger la planète ?
– Je réduis mes déchets. Je n'achète pas d'aliments dans des boîtes ou des bouteilles en plastique.

**Dialogue 3**
– Mademoiselle, qu'est-ce que vous faites pour protéger la planète ?
– Je ne prends pas ma voiture pour aller au travail. Je prends les transports en commun.

**Dialogue 4**
– Bonjour Monsieur, vous faites quelque chose pour protéger la planète ?
– Oui, au bureau je limite ma consommation de papier. Je n'imprime pas beaucoup et je ne fais pas beaucoup de photocopies.

**Dialogue 5**
– Bonjour, est-ce tu participes à la protection de la planète ?
– Oui. À la maison, j'éteins toujours la lumière quand je sors d'une pièce.

cent-quinze | **115**

## TRANSCRIPTIONS

**Dialogue 6**
– Et vous monsieur, quels sont vos gestes pour la protection de la planète ?
– Je limite ma consommation d'eau.

**9 A** 🔊036 *Exemple : verres*
1. réunion ; 2. matière ; 3. pollution ; 4. énergie ; 5. vaisselle ; 6. limiter.

**9 B** 🔊037 *Exemple : Je supprime les mails inutiles.*
1. Je n'utilise pas de gobelets jetables. Je préfère les produits réutilisables. ; 2. Il ne faut pas faire trop d'impressions au bureau. ; 3. Le métro est un mode de déplacement écologique. ; 4. Il faut éteindre les imprimantes et la lumière quand on part. ; 5. Nous prenons les transports en commun pour limiter les trajets individuels.

### Séquence 11 — Participer à une réunion — p. 40-42

**8 A** 🔊038 *Exemple : nous / nous*
1. du / doux ; 2. tu / tu ; 3. nous / nu ; 4. rue / roue ; 5. cou / cou ; 6. vous / vu.

**8 B** 🔊039 *Exemple : Voici le plan de communication.*
1. Nous avons rendez-vous. ; 2. Tu vois Lucie, la nouvelle stagiaire ? ; 3. Je vais à la réunion mensuelle. ; 4. Vous vous retrouvez quand ? ; 5. Le nombre de clients diminue. ; 6. Vous allez où ?

### Séquence 12 — Décrire des activités — p. 43-45

**1** 🔊040 **Tania :** Salut Mélina. Alors, qu'est-ce que tu fais pour les vacances ?
**Mélina :** Salut Tania. Avec mon mari, nous partons une semaine en Italie pour visiter Florence et ses musées. Et vous ?
**Tania :** Je vais inscrire toute la famille à un stage de découverte de la nature en forêt.
**Mélina :** Ah, vous n'allez pas à la mer cette année pour faire du kayak ?
**Tania :** Non, mais nous allons faire le stage à vélo, car les enfants adorent le sport !
**Mélina :** Ce stage, qu'est-ce que c'est ?
**Tania :** Avec un formateur, guide forestier, nous allons explorer la forêt, découvrir des plantes, des fleurs et des fruits pour manger. Et nous allons apprendre à nous diriger avec une boussole ou le soleil.
**Mélina :** Super ! C'est toute une journée ?
**Tania :** C'est un stage de trois jours. Nous allons dormir au milieu de la forêt, construire une cabane pour nous protéger et utiliser des techniques très simples pour purifier l'eau. Le formateur est un ami de mon mari.
**Mélina :** C'est une bonne idée ! Et c'est où ?
**Tania :** À côté de Montpellier, près d'un lac.

**9** 🔊041 *Exemple : Je me réveille.*
a. Les parents réveillent les enfants. ; b. Vous lavez vos aliments. ; c. Vous vous lavez. ; d. On inscrit Ben au stage. ; e. On s'inscrit au stage. ; f. Elle se protège de la pluie.

**10 B** 🔊042 *Exemple : Je dors, je me lave et je m'habille dans la forêt.*
1. N'oublie pas d'utiliser le bois. ; 2. L'objectif de ton stage c'est d'apprendre à t'orienter. ; 3. Avec l'eau de pluie, je peux me laver les mains et me doucher. ; 4. Il s'inscrit à ce stage parce qu'il veut découvrir des techniques d'orientation. ; 5. J'utilise des branches d'arbre pour me protéger du soleil : c'est très pratique.

### BILAN 4

#### COMPRÉHENSION ORALE 🔊043 — p. 47

**Alain :** Bonjour à toutes et à tous. Je n'ai pas de bonne nouvelle aujourd'hui. Nos dépenses d'énergie augmentent beaucoup. On consomme trop d'électricité. Vous avez des propositions pour faire des économies ? Oui, Anne ?
**Anne :** Il faut éteindre la lumière et les ordinateurs quand nous sortons du bureau le soir. Et il faut faire très attention le vendredi soir. On peut réduire la consommation inutile pendant le week-end.
**Albert :** Les économies d'énergie, c'est bien. Mais on utilise aussi beaucoup de couverts et de gobelets en carton. Il faut éviter leur utilisation.
**Marie :** C'est une bonne idée Albert. Mais comment faire ?
**Albert :** Il faut proposer des tasses et des mugs, pas des gobelets en plastique ou en carton.
**Alain :** Merci pour vos propositions. La directrice et moi, nous nous voyons vendredi matin pour faire un point sur vos propositions. Nous allons aussi rencontrer Ally Gagnon la semaine prochaine.
**Marie :** C'est qui ?
**Alain :** C'est une experte en réduction des coûts, elle va explorer les différentes possibilités pour faire des économies.
**Anne :** Qu'est-ce qu'elle va faire exactement ?
**Alain :** Elle va étudier nos habitudes et elle va proposer une liste de mesures.
**Marie :** Vous rencontrez l'experte quand ?
**Alain :** Mardi prochain. On se retrouve tous jeudi prochain pour un nouveau point.

### Séquence 13 — Laisser un message téléphonique — p. 48-50

**4** 🔊044 *Exemple : Salut, mon train arrive à 16 h 12 à la gare de Valence. À demain !*
a. Bonjour Madame Dinan, c'est Sylvie Mercier. Votre rendez-vous avec le Dr Steven est reporté lundi à 14 h 45. Merci. Au revoir.
b. Bonjour Sandrine, la réunion des formateurs commence à dix heures et quart. À plus tard.
c. Hello, Brice Lalande passe nous voir jeudi à onze heures et demie. Tu es disponible ?
d. Bonjour Jérémie, je suis disponible demain matin à neuf heures moins le quart pour préparer notre réunion. Tu m'appelles ?
e. Bonjour Nathanaël, j'ai nos billets d'avion pour Milan. Départ mardi matin à midi dix. Bonne journée.
f. Salut Diana, j'ai un empêchement demain matin. On peut décaler notre rendez-vous l'après-midi à 15 h 20 ? À plus tard.

**8** 🔊045 *Exemple : J'aime beaucoup ce produit.*
a. Tu connais cet hôtel ?
b. Tu sais combien ça coûte ?
c. Mon immeuble a sept étages.
d. Pascal est absent. Pouvez-vous prévenir ses collègues ?
e. Nous allons organiser une conférence cette année.
f. C'est la nouvelle assistante ?
g. Il se réveille à 8 heures pour aller au travail.
h. Je vais prendre ces chaussures, s'il vous plaît.
i. Le défilé est dans sept jours.
j. Le stagiaire prend ce document ?

### Séquence 14 — Comparer des produits et des services — p. 51-53

**1** 🔊046 **Caroline :** Bonjour Monsieur, je voudrais acheter un vélo électrique. J'ai un budget de 1 300 €. Vous pouvez m'aider, s'il vous plaît ?
**Le vendeur :** Bonjour Madame. Oui, bien sûr. Alors… Je regarde… Il y a un modèle intéressant dans votre budget : le Riverside. Il a beaucoup de succès. Je vous présente aussi le modèle Elops. Il est un peu moins cher, mais il a un excellent rapport qualité-prix.
**Caroline :** D'accord. Et, quelles sont les différences entre ces deux vélos ?
**Le vendeur :** Le Riverside a une autonomie de 90 km et on peut faire seulement 50 km avec le modèle Elops. Mais le modèle Elops a deux points positifs : il est très confortable et il a plus d'options que le Riverside.
**Caroline :** Super ! Et pour le poids ? Ils sont lourds ?
**Le vendeur :** Eh bien, le modèle Elops fait 26 kilos et le Riverside, 23 kilos. Ils sont un peu lourds.
**Caroline :** Et pour la sécurité ?
**Le vendeur :** Le Riverside intègre un système de sécurité et on peut le géolocaliser. Pour le modèle Elops, il faut acheter le système en plus.
**Caroline :** Très bien, merci. Je vais réfléchir.

**9 A** 🔊047 *Exemple : Cette machine est plus économique et le temps de préparation n'est pas long.*
1. Jérémie, le téléconseiller, utilise des capsules de café de bonne qualité.
2. Au service développement, ils boivent une grande quantité de thé.

**9 B** 🔊048 *Exemple : J'ai un problème : cette cafetière est très chère.*
1. J'achète ce nouveau modèle dès que possible.
2. Demain après-midi, je lis ta deuxième synthèse sur le lancement de ce produit.

### Séquence 15 — Donner des conseils — p. 54-56

**2** 🔊049 **Situation 1.** Je veux me détendre avant de dormir.
**Situation 2.** Le matin, je ne peux pas me lever, je suis très fatigué.
**Situation 3.** Au travail, je ne peux pas me concentrer.
**Situation 4.** Le soir, je ne m'endors pas avant 23 h 30.
**Situation 5.** Je suis très stressée.
**Situation 6.** Je voudrais avoir une routine chaque jour.
**Situation 7.** Je me sens seule.

# TRANSCRIPTIONS

**9** 🎧 050 *Exemple : Essayez de vous coucher tôt.*
a. Il faut dormir huit heures par nuit. ; b. Vous devez avoir une routine chaque jour. ; c. Ne consultez plus votre smartphone après le dîner. ; d. Ne vous endormez pas devant la télé. ; e. Ne consommez jamais de thé ou de café l'après-midi. ; f. Évitez les douches très chaudes.

## BILAN 5

### 🎧 COMPRÉHENSION ORALE    p. 58

**1** 🎧 051 **Mickaël :** Allô bonjour, Mickaël Dubois de la société Nirina. Je voudrais parler à Madame Lévis s'il vous plaît.
**La secrétaire :** Je suis désolée, Madame Lévis est absente aujourd'hui. C'est à quel sujet ?
**Mickaël :** Nous avons rendez-vous le mardi 3 avril, mais j'ai un empêchement. Je voudrais déplacer le rendez-vous.
**La secrétaire :** Un moment s'il vous plaît, je consulte son agenda… Elle est disponible le 7 ou le 8 avril à 10 h. C'est possible pour vous ?
**Mickaël :** Le 7 non, mais le 8 oui.
**La secrétaire :** D'accord. Je note votre nom et j'informe Madame Lévis.
**Mickaël :** Merci beaucoup ! Au revoir !

**2** 🎧 052 **Conseil 1 :** Vous pouvez prendre le métro ou le bus. Vous avez aussi la possibilité de prendre un vélo ou une trottinette. Évitez de prendre votre voiture personnelle parce qu'il y a beaucoup de circulation.
**Conseil 2 :** Regardez des films en version originale et essayez de beaucoup pratiquer. Ne vous concentrez pas seulement sur les règles de grammaire et essayez de comprendre le contexte et les phrases.
**Conseil 3 :** Respectez le silence. Ne parlez pas fort et évitez de téléphoner dans l'espace de travail. Quand une personne vous appelle, sortez du bureau. Pour parler à un collègue, déplacez-vous.
**Conseil 4 :** Évitez les écrans et ne buvez jamais de café avant de dormir. Ne vous couchez pas tard. Vous pouvez prendre une douche mais évitez l'eau très chaude.
**Conseil 5 :** Limitez votre consommation d'énergie et utilisez les transports en commun. Essayez de manger moins de viande. Évitez d'acheter des objets en plastique.
**Conseil 6 :** Il faut manger des fruits, des légumes et des céréales. Limitez votre consommation de viande et de sucre. Buvez de l'eau et évitez les sodas.

### Séquence 16 / Raconter une expérience    p. 59-61

**1** 🎧 053 Bonjour, c'est Gabriel. Je t'appelle pour deux choses. Première chose : je suis allé sur le site de PrintEco pour acheter une imprimante pour notre service. Ils ont un grand choix et j'ai trouvé une imprimante pas chère avec des options intéressantes pour nous. Elle coûte 675 euros, mais il y a des promotions du 12 au 27 mars. J'ai commandé l'imprimante et j'ai choisi la livraison au bureau. Normalement elle arrive mercredi.
Deuxième chose : j'ai téléphoné à l'agence pour l'achat de nos billets d'avion pour Barcelone. Nous avons nos places pour vendredi à 7 h 45. Voilà, c'est tout ! Bonne journée !

**6** 🎧 054 *Exemple : dû*
a. été ; b. eu ; c. pris ; d. fait ; e. pu ; f. voulu ; g. lu ; h. bu ; i. parti ; j. sorti ; k. venu ; l. dormi ; m. attendu ; n. écrit ; o. fini ; p. ouvert.

**9 A** 🎧 055 *Exemple : je tombe / je suis tombé*
1. elles commandent / elles ont commandé ; 2. il a proposé / il propose ; 3. le magasin rembourse / le magasin a remboursé ; 4. tu as mangé / tu manges ; 5. j'ai testé / je teste ; 6. ils achètent / ils ont acheté.

**9 B** 🎧 056 *Exemple : je cherche → j'ai cherché*
1. elles sont arrivées ; 2. tu as regardé ; 3. il travaille ; 4. ils participent ; 5. j'ai rencontré ; 6. tu entres.

### Séquence 17 / Présenter son parcours professionnel    p. 62-64

**2** 🎧 057 *Exemple : Je suis diplômé en commerce international.*
a. Je maîtrise les outils numériques. ; b. J'ai débuté dans une banque. ; c. J'ai occupé le poste de directrice commerciale d'une chaîne de restaurants pendant cinq ans. ; d. J'ai un bon sens du relationnel. ; e. J'ai passé un an à Milan pour étudier la couture. ; f. Je suis à l'aise avec les outils numériques.

**7** 🎧 058 *Exemple : travailler*
a. sortir ; b. aller ; c. comprendre ; d. voir ; e. passer ; f. arriver.

**10 A** 🎧 059 *Exemple : Elle participe au recrutement d'une candidate en interne.*
1. J'aime bien les langages informatiques, c'est sympa ! ; 2. C'est important de lancer maintenant votre site Internet. ; 3. Pendant cinq ans, j'ai travaillé dans le secteur de l'industrie. ; 4. Je suis en train de passer mon entretien d'embauche pour travailler en intérim.

### Séquence 18 / Raconter ses vacances    p. 65-67

**1** 🎧 060 **Costanza :** Coucou de Pologne ! On est bien arrivés à Cracovie. Aujourd'hui, il fait très beau et chaud ! Samedi, on a visité la ville à pied, on s'est promenés dans la Vieille Ville. Après, on est allés au Musée de la Pharmacie et au marché médiéval. C'est très original, on recommande ! Le midi et le soir, on a pu découvrir la cuisine locale. C'est vraiment délicieux !
**Nico :** Oui, on s'est régalés ! Hier, on est allés à la colline du Wawel en bus. Il y a beaucoup de monuments religieux, c'est impressionnant. Mais on n'a pas vu le panorama sur la ville parce qu'il a plu. C'est dommage…
**Costanza :** Aujourd'hui, on est allés au Jardin botanique à l'Est de la ville. Et demain, c'est le dernier jour ! On va aller au Musée national avant de reprendre l'avion pour Marseille. À bientôt !

**8** 🎧 061 Pendant mes vacances, je n'ai pas eu de chance parce qu'il n'a pas fait très beau. Il a fait froid. Le dernier jour, il a plu alors je ne suis pas sorti. D'abord, j'ai regardé la télé et ensuite j'ai préparé à manger. J'ai dormi un peu dans l'après-midi. Enfin, j'ai fait un peu de ménage. Je ne me suis pas beaucoup amusé.

## BILAN 6

### 🎧 COMPRÉHENSION ORALE 🎧 062    p. 69

**Élodie :** Bonjour Marcelo, avez-vous rencontré les deux candidats pour le poste de guide en Europe du Sud ?
**Marcelo :** Bonjour Élodie. Oui, je les ai rencontrés lundi dernier et les deux sont très bons.
**Élodie :** Pouvez-vous me parler d'eux ?
**Marcelo :** Oui, bien sûr. Le premier s'appelle Alex Fiorini. Il a grandi en Italie et il est bilingue français-italien. Il est diplômé d'une Licence en tourisme. Et après son diplôme, il a passé deux ans au Portugal. Il a effectué des visites guidées dans plusieurs monuments de Lisbonne et de Porto. Il a un niveau B2 en portugais et C1 en anglais !
**Élodie :** Et quelles sont ses qualités ?
**Marcelo :** Monsieur Fiorini a aussi le sens de l'organisation et il est à l'écoute. Il sait bien travailler en équipe.
**Élodie :** Ah oui, très bien. Et le second candidat ?
**Marcelo :** Il s'appelle Rodrigo Zavaleta. Il a travaillé en intérim chez nous pendant 6 mois, mais pour la zone Europe du Nord. Il est trilingue français, anglais, espagnol et il a un niveau B2 en italien. Il a beaucoup voyagé en Espagne et au Portugal, il connaît très bien le sud de ces deux pays.
**Élodie :** Et quelle est sa formation ?
**Marcelo :** Eh bien… Il n'a pas de formation universitaire, mais il est rigoureux et organisé. Il est très curieux aussi.
**Élodie :** Ah… Un choix difficile !

### Séquence 19 / Présenter un produit    p. 70-72

**2** 🎧 063 *Exemple : Personne 1. Ce produit naturel convient aux bébés.*
**Personne 2.** J'ai une bonne nouvelle ! Notre catalogue sort dans 15 jours.
**Personne 3.** On va commercialiser des petites bouteilles de 100 millilitres pour les voyageurs.
**Personne 4.** J'ai fabriqué une crème bio pour les mains avec du beurre de Karité et de l'huile d'amande douce.
**Personne 5.** Ce produit pour la maison est très efficace, très économique et écoresponsable.
**Personne 6.** Le flacon du nouveau parfum est très moderne. Il a une forme rectangulaire et il est en verre bleu.
**Personne 7.** Ce gâteau contient de la farine et du sucre, mais pas de beurre.

**9** 🎧 064 *Exemple : Tous mes collègues sont en réunion.*
a. Il travaille tout le temps. ; b. J'ai contacté toutes les influenceuses. ; c. Je suis en déplacement toute la journée. ; d. Tous nos produits sont écoresponsables. ; e. Je présente tout le programme de la visite ? ; f. Quels sont tous les avantages de ce shampoing ? ; g. Je ne connais pas toutes ces marques. ; h. Toute la campagne digitale est terminée.

cent dix-sept | 117

# TRANSCRIPTIONS

## Séquence 20 — Indiquer de bonnes pratiques p. 73-75

**1** 🎧065 Accueillir un stagiaire en entreprise, pourquoi ? Comment ?
Bonjour ! Je suis Quentin Poustin, et je conseille les entreprises sur le recrutement et l'intégration des nouveaux employés.
Chaque année, beaucoup d'entreprises prennent des stagiaires, et elles peuvent oublier un point essentiel qui a des conséquences sur la motivation des stagiaires : l'accueil.
Nous allons donc voir pourquoi et comment accueillir un stagiaire dans de bonnes conditions.

Pourquoi faire un accueil aux stagiaires ?
L'accueil donne l'image de votre entreprise. Elle doit être bonne.
L'accueil est un moment d'échanges et il est important de transmettre les valeurs de l'entreprise. Bien accueillir un stagiaire, c'est préparer une personne qui va peut-être devenir salariée, et même votre futur collègue !
Un stagiaire bien accueilli, c'est un bon ambassadeur. Il va parler de votre entreprise autour de lui et peut-être vous aider à attirer de nouveaux talents.

Comment accueillir votre stagiaire ?
Je vous conseille de prendre au minimum une demi-journée pour présenter l'entreprise, les différents services et interlocuteurs et donner le matériel de travail.
Désignez un tuteur ou un maître de stage pour faire des points réguliers avec le stagiaire.
À la fin du moment d'accueil, le stagiaire doit connaître les règles de l'entreprise, ses missions, ses interlocuteurs et ses obligations.

**2** 🎧066 *Exemple : Faites-lui visiter les locaux.*
1. Vous pouvez lui proposer de déjeuner avec vous.
2. Ne l'emmenez pas dans un restaurant cher.
3. Essayez de trouver des solutions ensemble.
4. Faites attention aux tâches trop répétitives.
5. Évitez de lui donner des tâches complexes.
6. N'hésitez pas à les faire participer aux réunions.

**8** 🎧067 *Exemple : Faites-leur visiter les locaux.*
a. Tu vas les former ?
b. Aidez-le si nécessaire.
c. Je ne les connais pas bien.
d. Je leur explique le travail à faire.
e. Le directeur va les recevoir dans cinq minutes.
f. Vous leur proposez un rendez-vous dans la semaine.

## Séquence 21 — Décrire une tenue p. 76-78

**2** 🎧068 *Exemple :* **1.** Elle est magnifique. ; **2.** Les costumes sont mignons. ; **3.** Je ne suis pas convaincue… Bof.

**A.** 🎧069 **1.** Laquelle ? celle de droite ? ; **2.** Cette veste est vraiment laide. ; **3.** Je préfère le costume avec la ceinture rouge et le pantalon gris.

**B.** 🎧070 **1.** Oui, celle-là ! ; **2.** Ils ne me plaisent pas. ; **3.** C'est mon préféré aussi.

**C.** 🎧071 **1.** Je préfère la robe à rayures. ; **2.** Ce sont des robes longues unies. ; **3.** Elles portent des robes rouges à pois noirs.

**D.** 🎧072 **1.** Je ne l'aime pas du tout. ; **2.** C'est un costume joli et confortable. ; **3.** Je porte un costume multicolore à manches longues.

**E.** 🎧073 **1.** On prend cette robe pour toi, alors ? ; **2.** On met un costume multicolore à manches longues. ; **3.** Lequel ? Celui avec le chapeau ou celui avec la perruque ?

**6** 🎧074 *Exemple : Je trouve ce chapeau vraiment laid.*
a. Je ne vais pas porter ces lunettes ! ; b. Ce nœud papillon est vraiment ringard. ; c. Cette tenue est magnifique ! ; d. Les gants sont mignons. ; e. On prend ce maillot de bain pour toi ? ; f. Ces chemisiers, ils ne me plaisent pas.

**8 A** 🎧075 *Exemple : orange*
1. capuche ; 2. joli ; 3. bijoux ; 4. chaussette ; 5. jupe ; 6. acheter.

**8 B** 🎧076 *Exemple : J'aime ce T-shirt et ces chaussures sont géniales !*
1. J'achète un gilet jaune, une chemise blanche à manches courtes et un short orange.
2. Elle cherche des bijoux, un joli chapeau, des gants et des chaussures à pois rouges.

## BILAN 7

### 🎧 COMPRÉHENSION ORALE 🎧077 p. 80

**La vendeuse :** Bonjour Madame, je peux vous aider ?
**La cliente :** Bonjour, oui, je cherche une petite valise pour ma fille. Nous partons souvent en week-end chez mes parents ou chez des amis. Je voudrais une valise pour emporter ses vêtements et ses affaires de toilette pour deux ou trois jours.
**La vendeuse :** Très bien. Quel âge a votre fille ?
**La cliente :** 8 ans.
**La vendeuse :** D'accord. Et quelles sont ses couleurs préférées ?
**La cliente :** Elle adore le vert, l'orange et le bleu. Et elle déteste le rose.
**La vendeuse :** J'ai des valises avec motifs ou des valises unies. Vous avez une préférence ?
**La cliente :** Avec des motifs c'est plus sympa.
**La vendeuse :** Alors, voici les trois modèles que je peux vous proposer. D'abord, cette valise bleue, avec des fleurs multicolores.
**La cliente :** Hmmm… Je n'aime pas cette valise.
**La vendeuse :** Il y a aussi cette valise orange, avec des pois blancs. Je n'ai pas de valise verte, mais j'ai cette valise blanche avec l'image de deux petites filles qui voyagent à Paris. Cette valise a beaucoup de succès parce qu'il y a écrit « J'aime Paris » en rouge et qu'il y a une photo de la tour Eiffel en noir.
**La cliente :** Oh ! Elles sont jolies ! Je préfère la valise à pois mais je pense que ma fille va adorer la valise avec Paris. Quelles sont les dimensions et le poids de ces valises ?
**La vendeuse :** La valise à pois mesure 49 cm et la valise Paris mesure 48 cm. Les deux valises pèsent 2 kilos 200.
**La cliente :** Et quel est leur prix ?
**La vendeuse :** Elles coûtent 90 euros, mais il y a une promotion sur la valise à pois qui coûte 75 euros jusqu'à la fin de la semaine.
**La cliente :** Elles sont un peu chères.
**La vendeuse :** Mais elles sont de grande qualité. Elles sont modernes, légères et adaptées pour les voyages en avion aussi.
**La cliente :** Je pense que ma fille va préférer la valise Paris. Je vais prendre celle-là. Elle est garantie combien de temps ?
**La vendeuse :** 1 an.
**La cliente :** Merci. C'est parfait !

## Séquence 22 — Décrire une expérience professionnelle p. 81-83

**1** 🎧078 **Le journaliste :** Bonjour Marjorie, vous avez fait une reconversion professionnelle. Quel était votre ancien métier ?
**Marjorie :** J'étais professeure d'allemand dans un collège pendant 8 ans.
**Le journaliste :** Et maintenant que faites-vous ?
**Marjorie :** Je suis cheffe à domicile. Je vais chez les gens pour des événements particuliers. Des dîners d'anniversaire par exemple. Je crée le menu et je cuisine chez eux. Je m'occupe aussi de la décoration de la table et je sers mes clients et leurs invités.
**Le journaliste :** Quel changement !
**Marjorie :** Oui, avant la cuisine était mon loisir et je cuisinais le week-end pour mes amis et ma famille. Aujourd'hui, la cuisine c'est mon métier.
**Le journaliste :** Quels sont les points positifs de votre nouveau travail ?
**Marjorie :** Quand j'étais professeure, j'allais au collège tous les jours, j'avais un programme à suivre et un emploi du temps fixe. Je voyais les mêmes personnes toute l'année. Aujourd'hui, je suis autonome et créative. Je rencontre plein de gens différents et je travaille dans un nouveau lieu chaque jour. C'est comme un restaurant différent chaque soir ! C'est génial !
**Le journaliste :** Et il y a des inconvénients ?
**Marjorie :** Avant, j'avais 16 semaines de vacances par an. Le soir, j'étais à la maison avec mon mari et mes enfants. Aujourd'hui, mon temps de travail dépend de mes commandes, je suis souvent absente de la maison le soir et je travaille le week-end. J'ai peu de vacances aussi.
**Le journaliste :** Et vous n'êtes pas payée quand vous ne travaillez pas…
**Marjorie :** C'est ça ! Pas de commande, pas de salaire. Mais je suis heureuse ! J'adore mon travail. Chaque commande est différente et demande un grand sens de l'organisation, mais je ne m'ennuie jamais.

**2** 🎧079 *Exemple : Personne 1. Mon assistante s'occupait du planning et recevait les clients. Elle passait aussi les commandes.*
**Personne 2.** Après mes études, j'ai eu une première expérience de 5 ans dans un bureau d'études, puis j'ai travaillé pour un constructeur de voitures.
**Personne 3.** J'ai fait des études de pharmacie, puis j'ai suivi une formation complémentaire en biologie pour pouvoir devenir biologiste.
**Personne 4.** Pour ce poste, on vous demande d'avoir une grande autonomie et un grand sens de l'organisation. Est-ce que votre expérience professionnelle vous a permis de développer ça ?

# TRANSCRIPTIONS

**Personne 5.** J'ai travaillé pendant 3 ans dans un grand restaurant de Lyon, puis j'ai déménagé dans une petite ville au bord de la mer et j'ai ouvert une crêperie.
**Personne 6.** Tous les matins, je me levais tôt. J'allais d'abord au cabinet médical pour organiser le planning de la journée puis je montais dans ma voiture pour rendre visite aux malades chez eux.

**7 A** 🎧 080 *Exemple : un poste*
**1.** organisé ; **2.** le sens ; **3.** une démission ; **4.** proposer ; **5.** la directrice ; **6.** je faisais.

**7 B** 🎧 081 *Exemple : Je maîtrise les logiciels de comptabilité.*
**1.** Il y a deux ans, j'ai occupé le poste d'assistante administrative dans cette société de formation.
**2.** Je suis rigoureuse et j'ai le sens de l'organisation.

## Séquence 23   Exprimer son opinion   p. 84-86

**9** 🎧 082 *Exemple : Quand tu arrives le matin, tu peux choisir ton bureau.*
**a.** Maintenant, on a des espaces sympas.
**b.** Aujourd'hui, je crois que je travaille mieux.
**c.** Avant, je travaillais toujours près de mon équipe.
**d.** Il pense que c'était vraiment plus compliqué avant.
**e.** Il ne travaille plus à côté de sa collègue. Ça l'énerve !
**f.** Je trouve que c'est stressant de bouger tout le temps.

## Séquence 24   Raconter un séjour   p. 87-89

**1** 🎧 083 *Vous êtes bien sur le répondeur de Christine, je ne suis pas disponible pour le moment, laissez un message et je vous rappellerai. BIP*
Salut Christine, c'est Ève. J'ai bien reçu ton e-mail au sujet de tes vacances à Cadaqués dans la maison Bonica. C'est une super idée, tu vas adorer l'Espagne ! Avec Josef, on a loué cette maison il y a trois ans. Elle est petite avec seulement un couchage, mais très mignonne. Les hôtes habitaient à quelques mètres, alors quand il y a eu une coupure d'électricité, ils ont réagi très vite. Tu vas voir, ils sont très sympas et ils parlent très bien français. Ils nous ont conseillé les meilleurs restaurants de la ville. Il y a une vue incroyable sur le port, un accès direct à la plage et un petit jardin pour profiter du soleil, quel bonheur ! Ah ! Mais il n'y a pas de garage, alors il faut se garer sur un parking payant à 200 mètres. Le petit-déjeuner était inclus dans le tarif et nous avons pris l'option ménage pour être plus tranquilles. Ça coûtait seulement 30 €, je trouve que ce n'est vraiment pas cher. À Cadaqués, nous nous sommes promenés dans les petites rues, nous avons visité la maison de Dali et tu me connais, j'ai acheté beaucoup de souvenirs… Ça va te plaire ! Nous ne nous sommes pas baignés parce que la mer était trop froide mais nous avons fait une balade en bateau ! Je te recommande vraiment de faire cette activité ! Rappelle-moi si tu as des questions. Bises.

**8** 🎧 084 *Exemple : Il se levait tard.*
**1.** J'ai visité la ville. ; **2.** Je profitais du jacuzzi. ; **3.** On se promenait le soir. ; **4.** J'ai passé un bon séjour. ; **5.** Elle se couchait avant moi. ; **6.** J'ai réglé le problème dans la journée.

## BILAN 8

### 📖 COMPRÉHENSION ORALE 🎧 085   p. 91

[Focus emploi]
Ils étaient jeunes, ils sont arrivés sur un marché du travail qui ne leur correspondait pas. Ils trouvaient que le management n'était pas assez flexible, que la hiérarchie était trop présente. Ils ne se sentaient pas appréciés alors ils ont démissionné et ont décidé de créer leur start-up. Pendant quelques mois ou quelques années, tout semblait aller bien mais pour certains, les problèmes se sont succédé et ont mené à l'échec de leur entreprise. Reportage sur la malheureuse start-up Tal'emploi !

Fondée en 2017, la plateforme de recrutement Tal'emploi est rachetée deux ans après par une grosse entreprise. Pourtant, la start-up n'a pas été un succès. Nous avons rencontré son fondateur, Bernard Sourcé, qui nous explique : « Notre timing était mauvais, très peu d'entreprises voulaient embaucher à ce moment-là et je ne connaissais pas assez le marché des ressources humaines. Nous avions beaucoup de qualités : un bon relationnel, un grand sens de la communication et une forte capacité à travailler en équipe. Mais je crois que notre équipe n'avait pas la faculté d'adaptation suffisante pour changer de stratégie. Quel dommage ! »

## Séquence 25   Décrire un métier   p. 92-94

**2**  *Exemple : Personne 1 : Il y a une réévaluation du salaire chaque année.*

**Personne 2 :** D'abord, tu appelles Madame Lambry, et ensuite on organise la soutenance avec elle.
**Personne 3 :** Ah non, je suis désolée, je ne peux pas vous donner de rendez-vous pour votre chien aujourd'hui, parce que le vétérinaire est absent.
**Personne 4 :** La formation dure 6 mois. Vous avez 150 heures de cours et des travaux pratiques.
**Personne 5 :** Stéphanie a fait un mémoire sur le stress des animaux.
**Personne 6 :** 1 200 euros pour ce travail, ce n'est pas un bon salaire !

**8** 🎧 087 *Exemple : J'ai des chats.*
**1.** Il y a des stages. ; **2.** Tu achètes un journal. ; **3.** Elles ont une opération. ; **4.** Je m'occupe des locaux. ; **5.** Elle cherche des bureaux. ; **6.** Nous allons passer un oral. ; **7.** Tu corriges un mémoire. ; **8.** Ils construisent des hôpitaux.

## Séquence 26   Échanger sur une formation   p. 95-97

**1** 🎧 088 **Antoine :** Salut Cora.
**Cora :** Coucou Antoine !
**Antoine :** Cora, j'ai quelque chose à te demander. Tu connais quelqu'un qui a suivi une formation chez Class'ouverte ?
**Cora :** Bien sûr, mes deux collègues Nico et Chloé. Et moi aussi, j'ai suivi une formation chez eux !
**Antoine :** Ah bon ? C'est top ! Tu vas pouvoir me donner beaucoup d'informations ! Je voudrais trouver une formation pour manager une équipe pendant un projet.
**Cora :** Ah super ! Je connais quelqu'un qui a suivi cette formation et qui a beaucoup aimé.
**Antoine :** Tu sais si c'est en présentiel ?
**Cora :** Oui, la formation dure deux jours sur site et il y a aussi des activités à distance.
**Antoine :** D'accord. Et qu'est-ce qu'on y apprend exactement ?
**Cora :** Eh bien, on y apprend à mobiliser une équipe, à organiser des réunions efficaces en présentiel et à distance, par exemple.
**Antoine :** C'est parfait !
**Cora :** Il y a beaucoup de jeux de rôle et de simulations. C'est très intéressant mais il faut vraiment s'impliquer. Et il ne faut pas avoir peur de parler devant les autres stagiaires !
**Antoine :** Je n'aime pas trop ça…
**Cora :** Moi non plus, mais c'est important.
**Antoine :** OK, merci beaucoup pour les informations. Tu sais combien coûte la formation ?
**Cora :** Oui, elle coûte un peu moins de 1 500 euros.
**Antoine :** C'est cher ! Je dois réfléchir…

**10** 🎧 089 *Exemple : Je viens de lire le compte-rendu.*
**a.** Il a besoin du programme.
**b.** Je cherche les noms des formateurs.
**c.** Je ne veux pas de formation en ligne.
**d.** Le catalogue est à côté du téléphone.
**e.** Nous n'avons pas beaucoup de temps.
**f.** Nous venons d'avoir le client au téléphone.
**g.** C'est une formation sur la gestion du temps.
**h.** Tu connais les dates des prochaines sessions ?

## Séquence 27   Choisir une sortie   p. 98-100

**3** 🎧 090 *Exemple : J'y vais pour écouter un groupe de musique.*
**a.** J'y vais pour dîner avec des amis. ; **b.** J'y vais pour voir un film. ; **c.** J'y vais pour danser. ; **d.** J'y vais pour voir une exposition. ; **e.** Je peux y faire un vernissage. ; **f.** J'y bois un verre.

**7** 🎧 091 *Exemple : J(e) vais m'endormir.*
**a.** Elle dit qu(e) c'est délicieux. ; **b.** Une soirée électro, ça t(e) dit ? ; **c.** On n'a pas trop envie d'aller l(e) voir. ; **d.** Tu n(e) vas pas d(e)mander à ton copain ? ; **e.** On n(e) va pas s'amuser. ; **f.** On peut s(e) faire un resto avant ou après l(e) ciné ?

## BILAN 9

### 📖 COMPRÉHENSION ORALE 🎧 092   p. 102

**Le candidat :** Allô ?
**La RH :** Bonjour Monsieur.
**Le candidat :** Bonjour Madame, je viens de voir l'annonce pour un poste d'assistant administratif dans votre salle de spectacle et j'ai besoin de quelques précisions.
**La RH :** Bien sûr, je vous écoute.
**Le candidat :** C'est un contrat à durée déterminée, c'est ça ?
**La RH :** Oui. C'est un contrat de 6 mois. Nous recherchons quelqu'un

cent dix-neuf | **119**

## TRANSCRIPTIONS

pour remplacer l'assistante actuelle pendant son congé maternité.
**Le candidat :** Quelles sont les missions principales ?
**La RH :** Bien sûr, il y a la gestion administrative des contrats des artistes, l'organisation des spectacles et l'accueil des artistes. Mais parfois, l'assistant doit aussi s'occuper de vendre des billets, gérer les réservations et accueillir le public quand il y a des événements.
**Le candidat :** Je vois. Les événements que vous proposez, c'est… du théâtre, des concerts et de la danse. C'est bien ça ?
**La RH :** Oui, et il y a aussi des spectacles pour les enfants. Parfois il y a plusieurs spectacles par semaine. On peut accueillir 348 personnes et… les spectacles sont souvent complets !
**Le candidat :** Ah d'accord ! Et c'est un contrat de 35 heures, n'est-ce pas ?
**La RH :** Oui, tout à fait. Mais les horaires sont flexibles. Il faut être disponible pour accueillir les artistes le soir et le week-end.
**Le candidat :** C'est clair ! Je vais postuler à l'adresse qui est sur l'annonce. Merci beaucoup Madame !

### Séquence 28  Organiser un événement  p. 103-105

**1** 093 **Slimane :** Allô Charline ? C'est Slimane !
**Charline :** Bonjour Slimane !
**Slimane :** Je vous appelle pour l'organisation de notre atelier de travail du 13 mai prochain.
**Charline :** Ah très bien ! Vous serez combien finalement ?
**Slimane :** Trois. Lou, Baptiste et moi. Alex ne pourra pas venir. Nous viendrons en train et nous arriverons à 11 heures à la gare d'Angers.
**Charline :** C'est noté ! Je viendrai vous chercher en voiture.
**Slimane :** Non, ne vous dérangez pas. Nous prendrons un taxi.
**Charline :** D'accord. Je vous propose de finaliser notre contrat le matin. Ensuite, nous irons déjeuner dans un restaurant près de mon bureau. L'après-midi, deux ingénieurs du bureau d'études vous feront une présentation en 3D de notre nouveau robot.
**Slimane :** C'est parfait ! Est-ce qu'on aura le temps de visiter votre nouveau laboratoire ?
**Charline :** Votre train de retour est à quelle heure ?
**Slimane :** 18 h 35.
**Charline :** Je pense que ce sera possible après la présentation. Je me charge de prévenir mes collègues et je vous enverrai un mail dans la semaine pour vous communiquer leur réponse.
**Slimane :** Merci beaucoup Charline !

**3** 094 *Exemple : On le fête chaque année.*
**a.** Ces personnes participent à un événement. ; **b.** C'est un document qui indique les prestations et leurs prix. ; **c.** Ce sont des actions proposées par une entreprise. ; **d.** C'est la longue table où il y a des boissons et de la nourriture pendant une réception. ; **e.** C'est le prix d'un produit ou d'un service.

**8** 095 *Exemple : un rendez-vous pris / une photo prise*
1. un repas offert / une heure offerte
2. un buffet bien préparé / une visite bien préparée
3. un catalogue traduit / une proposition traduite
4. le document transmis / la pièce jointe transmise
5. un partenaire connu / une entreprise connue
6. un repas assis / une conférence assise

### Séquence 29  Échanger sur sa santé  p. 106-108

**2** 096 *Exemple : a. Quels problèmes peuvent causer les écrans ?*
**b.** Où est-ce que je dois placer mon écran ?
**c.** Pourquoi les gens ont mal au dos, au cou ou aux épaules ?
**d.** Comment organiser mon espace de travail avec deux écrans ?
**e.** Combien de temps faut-il fermer les yeux pour les reposer ?
**f.** Où doit être installé le clavier ?
**g.** Comment détendre ses épaules et son dos ?

**8** 097 *Exemple : Les mains sont posées sur le clavier.*
**a.** Les deux écrans sont à la même hauteur.
**b.** Les cuisses sont positionnées sur la chaise.
**c.** Les ordinateurs sont installés sur le bureau.
**d.** Mes collègues sont allés au bureau.
**e.** Mes stagiaires sont partis tôt.
**f.** Mes dossiers sont rangés dans l'armoire.

**9** 098 *Exemple : Il a très mal au dos.*
**a.** Il est assis face à l'écran. ; **b.** Vous travaillez sans faire de pause ? ; **c.** J'ai une douleur au cou. ; **d.** Après quatre heures assis, je ne me sens pas bien. ; **e.** Les écrans provoquent des problèmes aux yeux. ; **f.** L'entreprise possède cent deux ordinateurs. ; **g.** Au travail, on a besoin de se détendre. ; **h.** On passe à peu près six heures par jour assis.

### Séquence 30  Décrire un comportement et des habitudes  p. 109-111

**1** 099 **La journaliste :** Bonjour Madame ! Vous pouvez répondre à quelques questions sur vos habitudes de vie dans votre logement ?
**La femme :** Oui, bien sûr.
**La journaliste :** Vous habitez dans quel type de logement ?
**La femme :** Dans une maison.
**La journaliste :** Depuis combien de temps ?
**La femme :** Oula ! depuis longtemps. Ça fait trente-trois ans.
**La journaliste :** Avec qui habitez-vous ?
**La femme :** Avec mes chats, j'en ai trois.
**La journaliste :** Vous faites quoi pour la fête des voisins ?
**La femme :** Rien de spécial, parce qu'on se retrouve de temps en temps pour dîner. On n'a pas besoin d'un jour spécial pour passer des moments ensemble. Je connais tout le monde dans ma rue.

**La journaliste :** Bonjour Monsieur. Vous connaissez bien vos voisins ?
**L'homme :** Je n'en connais aucun pour le moment. Je viens d'arriver dans l'immeuble.
**La journaliste :** Et en général vous faites quoi avec vos voisins ?
**L'homme :** Je parle un peu quand je les croise dans l'immeuble mais je ne demande jamais rien à mes voisins, j'aime faire les choses seul.
**La journaliste :** Vous connaissez la colocation ?
**L'homme :** Oui. Pendant mes études, j'ai habité quatre ans avec deux autres personnes.
**La journaliste :** Vous n'avez jamais eu de problèmes ? Pour payer le loyer ? Faire les courses ? Partager les espaces communs ?
**L'homme :** Nous avons eu quelques disputes à cause du ménage parfois mais ce n'était pas très important. Aucun de nous n'aimait faire la vaisselle alors c'était un peu compliqué. Mes colocataires étaient très sympas et drôles, on s'amusait bien.

**8** 100 *Exemple : Question 1. Dans quel domaine travaille-t-il ?*
**Question 2.** Avec qui tu pars en vacances ?
**Question 3.** Depuis combien de temps habitez-vous en colocation ?
**Question 4.** Chez qui est-ce que tu vas ce soir ?
**Question 5.** Pour qui est-ce que tu prépares cette pizza ?
**Question 6.** Avec quelle adresse e-mail tu te connectes au site ?

**9** 101 *Exemple : La coloc ça signifie quoi pour toi ?*
**a.** Je m'occupe de faire la lessive. ; **b.** J'habite au quatorzième étage. ; **c.** Je suis de mauvaise humeur ce soir. ; **d.** C'est une façon de faire des économies. ; **e.** Ce n'est pas nécessaire d'essuyer la vaisselle.

### BILAN 10

#### COMPRÉHENSION ORALE   p. 113

**Claire :** Bonjour Emmanuel.
**Emmanuel :** Bonjour Claire.
**Claire :** Emmanuel, j'ai bien lu votre mail, mais j'ai encore des questions sur l'organisation du Salon de la Santé.
**Emmanuel :** Je vous écoute.
**Claire :** De quelle manière vous compterez le nombre d'entrées ?
**Emmanuel :** Eh bien, on installera des bornes sans contact aux entrées du Salon. Elles compteront automatiquement le nombre de personnes qui passent et transmettront l'information aux services de sécurité.
**Claire :** Ah, très bien, merci. Et pour les sorties ?
**Emmanuel :** Pour les sorties, c'est la même chose, ça nous permettra de voir la fréquentation en temps réel.
**Claire :** Et s'il y a trop de gens, on fait quoi ?
**Emmanuel :** Nous pourrons réduire l'accès au Salon pendant une courte période.
**Claire :** D'accord. J'ai aussi une question sur les conférences. À quel moment elles sont prévues ?
**Emmanuel :** Toutes les demi-heures à partir de 10 heures. Aucune conférence n'est prévue après 18 heures.
**Claire :** OK, je note. Et pour la restauration ? Je n'ai rien vu dans votre mail à ce sujet.
**Emmanuel :** Des stands seront installés. On pourra y acheter à manger et à boire.
**Claire :** Et… Ils seront installés à quel moment ?
**Emmanuel :** Deux jours avant le début du Salon, dans une semaine donc.
**Claire :** Merci Emmanuel ! À qui je peux m'adresser si j'ai d'autres questions ?
**Emmanuel :** Vous pouvez me rappeler sans problème. Je reste à votre disposition.
**Claire :** Merci beaucoup, bonne journée !

# CORRIGÉS

### Séquence 1 — Se présenter — p. 4-6

**1** a. 2 ; b. 2 ; c. 3 ; d. 1 ; e. 3.

**2** a. 5 ; b. 1 ; c. 4 ; d. 6 ; e. 2 ; f. 3.

**3** 1. b. ; 2. g. ; 3. f. ; 4. a. ; 5. d. ; 6. e. ; 7. c.

**4** a. Elle est danseuse. ; b. Il est pharmacien. ; c. Elle est assistante administrative. ; d. Elle est technicienne vidéo. ; e. Il est influenceur. ; f. Il est vétérinaire. ; g. Elle est boulangère. ; h. Il est consultant en stratégie. ; i. Elle est agricultrice. ; j. Il est caissier.

**5** Je travaille à Lisbonne pour une multinationale et ma collègue Cynthia travaille **à** Amsterdam. Le siège social est **à** Londres, mais les collaborateurs sont **en** Europe et **en** Amérique du Nord. L'entreprise développe son activité **en** Amérique du Sud. Je vais participer à une conférence **à** Rio de Janeiro.

**6** a. est ; b. sont ; c. êtes ; d. est ; e. sommes.

**7** A. 1. écouter ; 2. parler ; 3. participer ; 4. travailler ; 5. regarder ; 6. présenter.
B. 1. j'écoute ; 2. je parle ; 3. je participe ; 4. je travaille ; 5. je regarde ; 6. je présente.

**8** A. **Masculin :** 1, 4. **Féminin :** 2, 3, 5, 6.
B. 1. Je suis mathématicienne. ; 2. Je suis chirurgien. ; 3. Je suis technicien. ; 4. Je suis pharmacienne. ; 5. Je suis politicien. ; 6. Je suis magicienne.

### Séquence 2 — Donner des informations personnelles — p. 7-9

**1** a. 2 ; b. 1 ; c. 4 ; d. 1 ; e. 3.

**2** a. 3 ; b. 4 ; c. 2 ; d. 5 ; e. 7 ; f. 1 ; g. 6.

**3** [calendrier avec dates entourées : 3, 8, 12, 15, 16, 19, 21, 25, 29]

**4** a. 12 septembre. ; b. 10 janvier. ; c. 3 février. ; d. 29 juin. ; e. 1er juillet. ; f. 14 novembre.

**5** A. sciences ; B. mathématiques ; C. finance ; D. art ; E. commerce ; F. littérature.
**Mot mystère :** étudier

**6** – Vous **postulez** pour le service financier ou marketing ?
– Pour le service financier. J'étudie la finance à Lyon et je recherche un **stage** de 10 mois à partir du 7 février.
– Vous êtes disponible pour un **entretien** ?
– Oui.
– Envoyez une **demande** de stage à : recrutementfinance@abmarket.com avant le 19 janvier.
– Vous demandez un **CV** et une **lettre de motivation** ?

**7** a. Je suis chilien. ; b. Je suis marocaine. ; c. Je suis danoise. ; d. Je suis allemande. ; e. Je suis espagnol. ; f. Je suis français.

**8** a. l'entretien ; b. les stages ; c. les nationalités ; d. la langue ; e. le service ; f. les études.

**9** a. Vous recrut**ez** / nous recherch**ons** ; b. Les stagiaires parl**ent** / ils étudi**ent** ; c. Tu complèt**es** / je recherch**e**.

**10** A **Deux formes identiques :** 3, 4, 6.
**Deux formes différentes :** 1, 2, 5.
B 1. le journalisme ; 2. le dessin ; 3. les stagiaires ; 4. les sciences politiques ; 5. le sport ; 6. les études.

### Séquence 3 — Présenter une personne — p. 10-12

**1** a. 2 ; b. 2 ; c. 1 ; d. 1 ; e. 2 ; f. 1.

**2** a. – Salut !
– Coucou ! **Tu vas bien ?**
– **Ça va, merci. Et toi ?**
– Ça va ! Regarde mon selfie avec mon nouveau copain !
– Comment il s'appelle ?
– **Il s'appelle Tom.**
– Il a quel âge ?
– **Il a 30 ans.**
b. – **Bonjour Madame.**
– Bonjour Hélène. **Vous allez bien ?**
– Très bien, merci. Et vous ?
– Ça va, merci. Hélène, voici Simon. Il travaille à Paris, il est commercial. **Il a des clients en Allemagne, au Portugal et aux États-Unis.**

**3** a. 66 € ; b. 31,50 € ; c. 49,60 € ; d. 27,35 € ; e. 55 € ; f. 22,10 €.

**4** a. **aux** États-Unis ; b. **en** Guinée ; c. **aux** Philippines ; d. **au** Mexique ; e. **à** Singapour ; f. **en** Finlande.

**5** A **Un :** continent, service, projet, stage, email.
**Une :** profession, visioconférence, ville, information.
B **Des :** continents, professions, services, visioconférences, villes, informations, projets, stages, emails.

**6** a. J'**ai** ; b. Tu **es** ; c. Elle **est** ; d. Nous **sommes** ; e. Vous **avez** ; f. Ils **ont**.

**7** a. vous **allez** / nous **allons** ; b. Nous **avons** / Ils **vont** / Ils **sont** ; c. Vous **avez** / j'**ai** / Il **a** / Il **est** ; d. Tu **es** / je **suis**.

**8** A 1. Vous allez en Espagne pour le travail ?
2. Je suis disponible pour un entretien en août.
3. Ils ont un appartement à Londres, en Angleterre.
4. Je vais en Amérique du Sud pour étudier les arts.
5. Les entretiens pour le stage sont le vingt et un juillet.
6. Nous avons deux enfants : Jonas a cinq ans et Diane a neuf ans.

### BILAN 1 — p. 13-14

**STRUCTURES DE LA LANGUE**

1. a. ; 2. b. ; 3. a. ; 4. d. ; 5. b. ; 6. c. ; 7. d. ; 8. b. ; 9. b. ; 10. c. ; 11. a. ; 12. a. ; 13. a. ; 14. b. ; 15. d.

**COMPRÉHENSION ORALE**

1. c. ; 2. a. ; 3. b. ; 4. b. ; 5. a.

**COMPRÉHENSION ÉCRITE**

1. a. ; 2. b. ; 3. b. ; 4. b. ; 5. a.

### Séquence 4 — Demander des informations personnelles — p. 15-17

**1** a. 1 ; b. 3 ; c. 2 ; d. 3 ; e. 3 ; f. 2.

**2** 1. c. ; 2. b. ; 3. e. ; 4. f. ; 5. g. ; 6. d.

**3** a. 5 ; b. 1 ; c. 2 ; d. 6 ; e. 4 ; f. 3.

**4** a. Avez-vous / As-tu des collègues étrangers ? ; b. Écoutez-vous / Écoutes-tu de la musique au bureau ? ; c. Travaillez-vous / Travailles-tu le week-end ? ; d. Traitez-vous vos mails / Traites-tu tes mails le soir à la maison ? ; e. Regardez-vous vos messages / Regardes-tu tes messages dans le train ? ; f. Utilisez-vous votre ordinateur ? / Utilises-tu ton ordinateur ?

**5** a. Quel est votre bureau ? ; b. Quels sont vos dossiers ? ; c. Quel est votre ordinateur ? ; d. Quelle est votre entreprise ? ; e. Quelles sont vos disponibilités ? ; f. Quelle est votre ville de résidence ? ; g. Quel est votre domaine d'études ? ; h. Quelles sont vos activités le week-end ? ; i. Quelle est votre activité professionnelle ? ; j. Quels sont vos réseaux sociaux préférés ?

**6** a. Vous n'êtes pas français. ; b. Les collègues n'écoutent pas le directeur. ; c. Tu ne parles pas anglais ? ; d. Je ne travaille pas en août. ; e. L'assistante ne regarde pas mon dossier. ; f. Nous n'allons pas sur les réseaux sociaux. ; g. Je n'ai pas la nationalité chinoise. ; h. Tu ne voyages pas beaucoup. ; i. Je ne suis pas médecin.

**7** a. À Paris, vous **prenez** 1. le métro. ; b. À Venise, Juliette et Marco **prennent** 3. la gondole. ; c. À Londres, nous **prenons** 5. le « tube ». ; d. À New York, Martine **prend** 2. le taxi. ; e. À San Francisco, tu **prends** 4. le tramway. ; f. À Amsterdam, je **prends** 6. le vélo.

**8** A 1. J'étudie à la maison. ; 2. Elle utilise les réseaux sociaux. ; 3. Il prend le métro et il traite ses mails. ; 4. Je ne téléphone pas dans

cent vingt et un | **121**

## CORRIGÉS

la voiture. ; **5.** Je regarde ~~des films pendant le trajet~~. ; **6.** Tu écoutes ~~de la musique sur le téléphone~~.

### Séquence 5 — Planifier des actions p. 18-20

**1** **A** 1. a. ; 2. b.
**B** 1 ➔ Lin + Martha ➔ cette semaine
2 ➔ Martha ➔ cet après-midi
3 ➔ Johan ➔ demain matin
4 ➔ Lin ➔ demain soir
**C** l'arrivée des clients ➔ le déjeuner au restaurant ➔ la réunion ➔ le spectacle ➔ la visite des boutiques ➔ le départ des clients

**2** **Interroger sur des actions à réaliser :** d., g.
**Répartir des tâches :** a., f.
**Indiquer des actions à réaliser :** b., e.
**Exprimer l'accord :** c., h.

**3** a. 7 ; b. 6 ; c. 1 ; d. 2 ; e. 3 ; f. 5.

**4** a. Vrai ; b. Vrai ; c. Faux ; d. Vrai ; e. Faux.

**5** a. Qui ; b. Qu'est-ce que ; c. Quelle est ; d. Qui ; e. Qu'est-ce que ; f. Quels sont.

**6** On doit organiser le défilé : Fabiola et moi, **on prépare** la collection et **on contacte** la presse. **On fait** le diaporama et **on complète** le fichier Excel avec les adresses des partenaires. **On fait** un message au traiteur pour l'apéritif et **on téléphone** au DJ. Qui fait l'annonce sur notre site Internet ?

**7** Phrases au futur proche : b., c., f., g.

**8** a. Ils **font** ; b. Tu **fais** ; c. Je **dois** ; d. Nous **devons** ; e. Vous **faites** ; f. Elles **doivent**.

**9** **A** 1re syllabe : 5. 2e syllabe : 2, 3. 3e syllabe : 1, 4, 6.
**B** 1. Tu v**a**s fixer un rendez-vous **a**vec l**a** gr**a**phiste. ; 2. Ce matin, j'**a**ssiste au défilé. ; 3. Qui fait l'**a**nnonce sur notre site ? ; 4. S**a**medi, nous **a**llons **a**ppeler les clients. ; 5. M**a**rdi, je cont**a**cte le service inform**a**tique. ; 6. Cet **a**près-midi, vous prép**a**rez le mess**a**ge.

### Séquence 6 — Prendre une décision p. 21-23

**1** a. 3 ; b. 2 ; c. 3 ; d. 2 ; e. 1 et 2 ; f. 1.

**2** 1. / 6. / 3. / 2. / 4. / 5. / 7.

**3** a. 343 € ; b. 107,50 € ; c. 99,99 € ; d. 136 € ; e. 165,21 € ; f. 245 €.

**4** a. faire de la gymnastique ; b. faire de l'escalade ; c. aller au concert ; d. aller au restaurant ; e. voir une pièce de théâtre ; f. voir un spectacle de danse.

**5** a. Quelle est ton activité sportive préférée ? Possesseur : tu ; b. Quel est leur numéro de téléphone ? Possesseur : ils ou elles ; c. Quelles sont vos disponibilités ? Possesseur : vous ; d. Quelle est sa nationalité ? Possesseur : il ou elle ; e. Quelles sont leurs activités sportives ? Possesseur : ils ou elles ; f. Quelle est notre décision ? Possesseur : nous ou on.

**6** a. Eduardo aime beaucoup le judo. ; b. Isabella adore faire du foot ; c. Anya et Gilles aiment la danse. ; d. Claire déteste faire du jogging. ; e. Tana aime l'escalade. ; f. Christian aime bien faire du sport.

**7** a. Max et Carla ne **peuvent** pas ; b. Tu **peux** ; c. vous ne **pouvez** pas ; d. Joseph **peut** / on **peut** ; e. je ne **peux** pas.

**8** a. 3 et 4 ; b. 3 et 4 ; c. 5 ; d. 1 ; e. 6 ; f. 2.

**9** **A** 1er mot : 1, 4, 5. 2e mot : 2, 3, 6.
**B** 1. Ils font déjà du jud**o**. ; 2. Bientôt **au** théâtre ! ; 3. Ça coûte quatre eur**o**s. ; 4. Nous avons un message **au**dio. ; 5. J'ai une **au**tre pr**o**position. ; 6. Elle utilise b**eau**coup son sac à d**o**s.

### BILAN 2 p. 24-25

#### STRUCTURES DE LA LANGUE

1. c. ; 2. c. ; 3. d. ; 4. a. ; 5. c. ; 6. b. ; 7. b. ; 8. d. ; 9. d. ; 10. c. ; 11. d. ; 12. b. ; 13. d. ; 14. a. ; 15. b.

#### COMPRÉHENSION ORALE

Proposition 1 : Durée : **une semaine**
Proposition 2 : Prix : **200 €**
Proposition 3 : Nombre de personnes : **4**
Proposition 4 : Avec : (~~pique-nique~~) **guide touristique**

#### COMPRÉHENSION ÉCRITE

1. b. ; 2. c. ; 3. b. ; 4. c. ; 5. c.

### Séquence 7 — Décrire un espace de travail p. 26-28

**1** a. 1 ; b. 2 ; c. 1 ; d. 1 ; e. 2 ; f. 2.

**2** 1. d. ; 2. b. ; 3. g. ; 4. c. ; 5. a. ; 6. f.

**3** a. un espace collaboratif ; b. un bureau partagé ; c. une salle de repos ; d. une cabine téléphonique ; e. un espace de travail ; f. un poste de travail.

**4** Masculin : c., e. Féminin : b., f., g. Les deux : a., d.

**5** a. des tableaux modernes ; b. une bonne connexion ; c. un téléphone fixe ; d. un ordinateur récent ; e. trois gros dossiers ; f. une belle plante ; g. une vieille affiche.

**6** La salle de réunion est petite mais lumineuse. Il y a une grande fenêtre. Il y a **une** table avec **des** chaises. Il y a **un** écran, mais il n'y a pas **de** vidéoprojecteur. Il y a **un** petit bureau, mais il n'y a pas **d'**ordinateur. La décoration est simple. Il n'y a pas **de** plante et il n'y a pas **d'**affiche sur les murs.

**7** a. Avez-vous un bureau individuel ? ; b. Est-ce que vous voulez appeler l'architecte ? ; c. Pouvez-vous téléphoner dans votre bureau ? ; d. Est-ce que vous savez utiliser les machines ? ; e. Allez-vous visiter la salle de repos ? ; f. Est-ce que vous êtes d'accord avec Madame Rama ?

**8** a. Gina et Fabrice veulent aller dans la salle de réunion. ; b. Le directeur veut rencontrer Madame Berger. ; c. Tu peux changer de bureau ? ; d. Nous pouvons demander une salle de repos. ; e. Je veux aller dans le box. ; f. Vous voulez utiliser la cabine téléphonique ?

**9** a. Je veux modifi**er** l'espace de travail. ; b. C'est not**é** ! ; c. C'est une bonne id**ée** ! ; d. Est-ce que vous av**ez** une solution ? ; e. Je voudrais un bureau priv**é**. ; f. Les personnes peuvent téléphon**er**. ; g. La salle de réunion est ferm**ée**. ; h. Vous voul**ez** des cabines ?

### Séquence 8 — Donner des instructions p. 29-31

**1** a. 1 ; b. 1 ; c. 2 ; d. parce qu'elle va former le nouveau stagiaire ; e. 1 (« Regardons le planning de la semaine ») ; 3 (« N'oublie pas de répondre à l'invitation de notre partenaire pour la visite de la boutique ») ; 5 (« Et lis et commente ses propositions ») ; 6. (« j'ai une réunion avec le service financier » ; « Leila, Eddy et Samantha participent à une réunion marketing. »).

**2** **Indiquer la raison d'une situation ou d'une action :** b., e.
**Donner des instructions :** c., d.
**Indiquer un objectif :** a., f.

**3** **A** 1. f. ; 2. g. ; 3. a. ; 4. e. ; 5. h. ; 6. d. ; 7. b. ; 8. c.
**B Saluer :** Cher Monsieur, / Chers collègues, / Chères Marie et Sylvie, / Bonjour à tous
**Prendre congé :** À plus tard / Bon week-end / Bien à vous / Bonne journée

**4** a. clients ; b. déplacement ; c. réunion ; d. personne ; e. atelier ; f. collection.

**5** Bonjour Simon,
Marc et moi, nous sommes absents demain parce que nous avons un déplacement. Le **matin**, nous arrivons à 9 heures et nous visitons les ateliers. L'**après-midi** nous avons une réunion avec les clients. Nous rentrons **tard** dans la soirée, à 22 heures. Pouvez-vous organiser la présentation de la collection, les **27 et 28 mars** s'il vous plaît ? Fixez un rendez-vous avec le service communication **après-demain** dans la matinée, mais pas trop **tôt**.
Merci.

**6** a. moi ; b. eux ; c. elle ; d. toi ; e. lui ; f. vous.

**7** – **Parce que** je dois aller à Lyon **pour** visiter l'atelier Textech.
– Ah d'accord. Tu rentres jeudi soir ?
– Non, je rentre jeudi matin **parce que** j'ai une réunion importante l'après-midi. **Pourquoi** tu veux savoir ?
– **Parce que** nous devons rencontrer Madame Cho **pour** préparer la présentation aux clients.

**8** a. Tu fais / Fais la présentation de la collection. ; b. Nous n'oublions pas / N'oublions pas de déplacer le rendez-vous. ; c. Nous lisons /

# CORRIGÉS

Lisons le dossier du service marketing. ; **d.** Vous prenez / Prenez votre voiture. ; **e.** Tu organises / Organise la réunion de jeudi.

**9** Lis - Vous → lisez - Les clients → lisent - Tu → lis - Il → lit - Nous → lisons - Je → lis - Vous.

**10 A** 1. Appelez : 3 syllabes ; 2. Organisez : 4 syllabes ; 3. Visite : 2 syllabes ; 4. Ayez : 2 syllabes ; 5. N'oublie pas : 3 syllabes ; 6. Réserve : 2 syllabes.

**B** 1. Rencontre les clients. ; 2. Notez les informations. ; 3. Illustre le diaporama. ; 4. Demandez les contrats. ; 5. Travaillez avec le service client. ; 6. Assiste à la réunion.

### Séquence 9 — Commander un repas     p. 32-34

**1** a. 2 ; b. 2 ; c. 2 ; d. 1 ; e. 2.

**2** – Bonjour Monsieur, vous désirez ?
– Bonjour. En entrée, **je vais prendre / je voudrais** la salade de tomates.
– Oui, et **en plat principal** ?
– **Je voudrais / Je vais prendre** les pâtes aux champignons s'il vous plaît. Et **en dessert**, une mousse au chocolat.
– Et **pour les boissons** ?
– Un verre de vin. Oh, et **j'ajoute** une bouteille d'eau !
– C'est noté !

**3** 1. E ; 2. C ; 3. A ; 4. B ; 5. D ; 6. J ; 7. G ; 8. F ; 9. I ; 10. H.

**4** a. une salade **de** thon ; b. une glace **à la** fraise ; c. des pâtes **au** fromage ; d. une omelette **aux** légumes ; e. une soupe **à l'**oignon ; f. un sandwich **au** poulet.

**5** a. un verre de vin ; b. un bol de lait ; c. une coupe de glace ; d. une canette de soda ; e. une bouteille d'eau ; f. une assiette de pâtes ; g. une barquette de frites.

**6** du thon, du saumon, des algues, de l'avocat / de la farine, du lait, du sucre, de l'huile, des œufs.

**7** a. **de l'**eau / **du** thé / **le** café ; b. **des** légumes / **les** légumes ; c. **un** fruit / **une** banane ; d. **la** tarte aux pommes / **de la** glace **et un** café.

**8**

| U | E | N | Z | L | E | N | I | N | T | N | D | N | Ç | H |
|---|---|---|---|---|---|---|---|---|---|---|---|---|---|---|
| L | F | Y | Q | Z | L | U | R | L | L | H | S | S | M | T |
| D | Q | R | T | B | F | M | N | H | B | N | S | A | E | C |
| X | T | U | K | N | Z | E | X | O | O | L | J | L | L | L |
| T | Z | Ç | S | I | F | Ç | Ç | V | B | R | I | A | L | D |
| W | L | M | O | I | Y | Q | U | U | E | O | G | T | E | F |
| R | Q | V | R | B | L | B | G | R | E | B | W | S | S | V |
| J | F | K | O | I | S | C | A | G | Ç | E | D | Z | B | U |
| B | Ç | X | Q | U | B | O | U | P | N | Ç | I | B | O | E |
| Y | N | I | O | A | S | S | O | L | V | Ç | T | F | I | B |
| B | F | N | Z | I | G | B | K | U | Y | D | C | I | V | W |
| A | T | U | B | O | I | S | U | X | J | M | Y | A | E | S |
| I | L | K | O | Ç | S | M | F | V | W | H | T | Y | N | I |
| J | E | B | O | I | S | P | C | V | E | S | L | C | T | W |
| X | Z | W | R | P | Ç | G | K | V | D | Z | W | N | F | I |

**9** a. des champign**on**s ; b. une boiss**on** ; c. une ora**n**ge ; d. un c**on**combre ; e. c**om**ptable ; f. des citr**on**s ; g. des fram**on**ises ; h. du saum**on**.

### BILAN 3     p. 35-36

**STRUCTURES DE LA LANGUE**

1. a. ; 2. d. ; 3. c. ; 4. c. ; 5. a. ; 6. a. ; 7. b. ; 8. c. ; 9. c. ; 10. c. ; 11. c. ; 12. d. ; 13. a. ; 14. b. ; 15. c.

**COMPRÉHENSION ORALE**

**1** a. 4 ; b. 3 ; c. 1.
**2** a., c., d.

**COMPRÉHENSION ÉCRITE**

1. a. ; 2. c. ; 3. b. ; 4. a. ; 5. b.

### Séquence 10 — Régler des problèmes     p. 37-39

**1 A.** Dialogue 3 ; **B.** Dialogue 4 ; **C.** Dialogue 5 ; **D.** Dialogue 2 ; **E.** Dialogue 6 ; **F.** Dialogue 1.

**2** d. ; g. ; h.

**3** b. un couteau, une fourchette ; c. une assiette, une fourchette ; d. un gobelet, un verre ; e. une assiette, un bol, une cuillère ; f. une assiette, une fourchette ; g. un bol, un gobelet, une tasse ; h. une petite cuillère ; i. un couteau.

**4** a. un dossier ; b. un diaporama ; c. une photocopie ; d. une photocopie ; e. un ordinateur ; f. une présentation.

**5** a. Au bureau, nous consommons beaucoup trop d'énergie. ; b. L'entreprise recrute beaucoup de stagiaires. ; c. Nous avons peu de clients à l'étranger. ; d. Il y a trop de bruit dans le bureau partagé. ; e. J'ai beaucoup trop de travail cette semaine.

**6** a. Nous n'utilisons pas nos voitures pour les livraisons. ; b. Nous n'achetons pas d'aliments exotiques. ; c. Nous n'utilisons pas de vaisselle en plastique. ; d. Nous ne jetons pas les produits non consommés. ; e. Nous n'imprimons pas l'addition.

**7** a. Il faut lire les documents sur nos ordinateurs. ; b. Il ne faut pas conduire vite. ; c. Il ne faut pas détruire la nature. ; d. Il faut faire attention à notre consommation d'eau. ; e. Il faut boire dans des verres. ; f. Il ne faut pas prendre notre voiture quand c'est possible.

**8** – Et j'ai beaucoup de travail aujourd'hui. Je **sors** d'une réunion de deux heures avec Sylvie. On a un problème avec un client. Cet après-midi nous **lisons** le dossier juridique pour trouver des solutions.
– Moi ce matin, je **traduis** le contrat pour nos nouveaux fournisseurs allemands. Ils **viennent** demain pour une réunion de travail.
– Ils **produisent** quoi ?

**9 A** [l] : 3, 5, 6. [R] : 1, 2, 4.

**B** 1. Je n'uti**l**ise pas de gobe**l**ets jetab**l**es. Je **p**réfè**r**e les **p**roduits réuti**l**isab**l**es. ; 2. Il ne faut pas faire trop d'im**p**ressions au bu**r**eau. ; 3. Le mét**r**o est un mode de dép**l**acement éco**l**ogique. ; 4. Il faut éteind**r**e les im**p**rimantes et la **l**umiè**r**e quand on part. ; 5. Nous **p**renons les t**r**anspo**r**ts en commun pour **l**imiter les t**r**ajets individue**l**s.

### Séquence 11 — Participer à une réunion     p. 40-42

**1** a. 1 ; b. 3 ; c. 2 ; d. 1 ; e. 1.

**2** a. Quand est-ce que vous vous voyez ? ; b. Il arrive quand ? ; c. Vous vous retrouvez où ? ; d. Le nombre de clients diminue. ; e. Nous sommes à 2 %. ; f. C'est madame Jha. / C'est notre nouvelle directrice commerciale.

**3** a. 4 ; b. 5 ; c. 1 ; d. 2 ; e. 6 ; f. 3.

**4** Pour avoir une stratégie marketing efficace et pour augmenter vos **parts de marché** il faut :
- choisir une **charte graphique** claire ;
- proposer **une gamme** de produits complète ;
- élaborer **un plan de communication** et travailler avec **une agence de publicité**.

**5** a. Vous avez rendez-vous où ? ; b. Quand est-ce que vous faites la réunion d'équipe ? ; c. Quand lance-t-on le nouveau produit ? ; d. Où est-ce qu'on se retrouve ? ; e. Où va Antonio ? ; f. On travaille ensemble quand ?

**6** a. C'est ; b. Elle est ; c. Ce sont ; d. Ce sont ; e. C'est ; f. Il est.

**7** a. voient ; b. vois ; c. voyons ; d. vois ; e. voit ; f. voyez.

**8 A** Deux formes identiques : 2, 5.
Deux formes différentes : 1, 3, 4, 6.

**B** 1. N**ou**s avons rendez-v**ou**s. ; 2. T**u** vois Lucie, la n**ou**velle stagiaire ? ; 3. Je vais à la ré**u**nion mens**u**elle. ; 4. V**ou**s v**ou**s retr**ou**vez quand ? ; 5. Le nombre de clients dimin**u**e. ; 6. V**ou**s allez **où** ?

### Séquence 12 — Décrire des activités     p. 43-45

**1** a. 2 ; b. 1 ; c. 1 ; d. 3 ; e. 1.

**2** b. Votre stage a lieu **près de Lyon**. ; c. **Vous allez explorer** deux points très importants. ; d. Vous allez dormir **sous les étoiles**. ; e. Avec le feu, **vous faites cuire vos aliments**. ; f. Vous allez découvrir les différentes techniques pour **faire du feu**. ; g. **Vous allez vous diriger** avec une boussole.

**3** a. L'arbre est **au milieu de** la forêt. ; b. La forêt est **près du** lac ; c. Le lac est **loin de** la cabane. ; d. **À droite de** la cabane, il y a un arbre. ; e. Il y a de la neige **sur** l'arbre. ; f. Je nage **dans** le lac.

**4 A.** (du) bois ; **B.** (des) feuilles ; **C.** (le) soleil ; **D.** (le) vent ; **E.** (la) pluie ; **F.** (un) arbre.

**Mot mystère :** plantes

cent vingt-deux | **123**

## CORRIGÉS

**5** Pour se reposer : dormir.
Pour être propre : se brosser les dents, se doucher, se laver les mains.
Pour se nourrir : faire cuire, laver un aliment, manger.

**6** a. Tu ne connais pas très bien le formateur. ; b. Stocker de l'eau, c'est très important. ; c. Il faut très bien se préparer. ; d. Je n'aime pas les endroits très isolés. ; e. Nous nous dirigeons très bien avec une carte. ; f. Je poste une très belle photo.

**7** a. Je vais dormir à gauche **de l'arbre**. ; b. N'oublie pas ta boussole ! Elle est à côté **de la carte**. ; c. Vous allez faire un feu près **du lac**. ; d. Regarde la photo de mon stage de survie ! Je suis à droite **du formateur**. ; e. J'aime me réveiller dans la nature, en face **des montagnes**.

**8** a. On **s'inscrit** / Nous **nous inscrivons** ; b. Tu **connais** / Ils **s'inscrivent** ; c. Vous **vous inscrivez** / on ne **connaît** pas.

**9** Verbe pronominal réfléchi : c., e., f.
Verbe non pronominal : a., b., d.

**10** A 1. N'oublie pas d'utiliser le bois. ; 2. L'objectif de ton stage c'est d'apprendre à t'orienter. ; 3. Avec l'eau de pluie, je peux me laver les mains et me doucher. ; 4. Il s'inscrit à ce stage parce qu'il veut découvrir des techniques d'orientation. ; 5. J'utilise des branches d'arbre pour me protéger du soleil : c'est très pratique.

### BILAN 4 — p. 46-47

**STRUCTURES DE LA LANGUE**

1. a. ; 2. a. ; 3. c. ; 4. b. ; 5. d. ; 6. a. ; 7. d. ; 8. a. ; 9. b. ; 10. a. ; 11. b. ; 12. c. ; 13. b. ; 14. d. ; 15. d.

**COMPRÉHENSION ORALE**

1. a. ; 2. c. ; 3. a. ; 4. b. ; 5. b.

**COMPRÉHENSION ÉCRITE**

1. c. ; 2. c. ; 3. a. ; 4. b. ; 5. a.

### Séquence 13 — Laisser un message téléphonique — p. 48-50

**1** a. 3 ; b. 1 ; c. 3 ; d. 1 ; e. 2 ; f. 3.

**2** 1. d. ; 2. b. ; 3. e. ; 4. a. ; 5. c.

**3** a. 4 ; b. 5 ; c. 2 ; d. 1 ; e. 3.

**4** a. 14 h 45 / trois heures moins le quart de l'après-midi ; b. 10 h 15 / dix heures et quart du matin ; c. 11 h 30 / onze heures et demie du matin ; d. 8 h 45 / neuf heures moins le quart du matin ; e. 12 h 10 / midi dix. ; f. 15 h 20 / trois heures vingt de l'après-midi.

**5** a. Nous essayons de vous rappeler. ; b. Ils vont nous téléphoner. ; c. Tu dois nous envoyer ce dossier. ; d. Il peut te répondre demain. ; e. Je vais t'appeler mercredi. ; f. Vous devez m'envoyer la confirmation.

**6** a. Cette réunion est à 14 heures. ; b. Ce collaborateur est en retard. ; c. Cet ordinateur est en panne. ; d. Ce dossier est à moi. ; e. Cette information est importante. ; f. Cet ingénieur est chinois.

**7** 2. ESSAYONS ; 3. NETTOIE ; 4. ESSAYENT ; 5. PAYE ; 6. ESSUIE ; 7. ENVOIES ; 8. ESSUIENT.

**8** a. cet ; b. sais ; c. sept ; d. ses ; e. cette ; f. C'est ; g. se ; h. ces ; i. sept ; j. ce.

### Séquence 14 — Comparer des produits et des services — p. 51-53

**1** a. 3 ; b. 2 ; c. 1 ; d. 1 ; e. 2.

**2** Les avantages : ils permettent de nettoyer le sol quand vous êtes occupé ou absent.
Leur **utilisation est simple**. Certains aspirateurs ont une fonction lavage en plus. Ils nettoient une pièce de 20 m² **en quelques minutes**.
Le seul inconvénient : leur prix. Ils **sont assez chers**, il faut compter entre 330 et 780 €.
Ils **sont moins économiques qu'**un aspirateur traditionnel, mais pour votre confort, **c'est mieux !**

**3** A. 3 ; B. 7 ; C. 6 ; D. 2 ; E. 1 ; F. 4 ; G. 5.

**4** La machine à café Kaffeeo est horrible ! Les capsules ne sont pas **compostables**, ce n'est pas écologique. Elle est très **lente**, il faut cinq minutes pour faire une tasse de café ! Et les capsules valent 75 centimes, ce n'est pas **économique**. La machine est en plastique **de mauvaise qualité**, le café n'est pas bon et il y a trop d'options inutiles : son utilisation est **difficile**. Cette machine n'est pas satisfaisante et elle vaut très **cher** : un très mauvais **rapport qualité-prix**.

**5** Au bureau, nous avons une machine à dosettes. **Les gens disent** que le goût du café est meilleur et **nous sommes** d'accord. Mes collègues et moi, **nous buvons** deux cafés par jour : un à la pause du matin et un après le déjeuner.
En France, **les gens consomment du café**, mais en Angleterre, **les gens préfèrent** le thé. **Les gens disent** que le thé est meilleur pour la santé que le café.
En général, **les gens pensent** que faire une pause-café n'est pas productif, mais dans mon équipe, **nous ne sommes pas** d'accord !

**6** b. Ces capsules sont chères. ; c. Le café en capsule est cher. / c'est cher. / ce n'est pas cher. ; d. Une dosette de café à plus de 50 centimes, c'est cher. ; e. Les filtres bio sont chers. ; f. Cette machine à dosette est chère. ; g. La machine à filtre coûte seulement 50 €, ce n'est pas cher.

**7** Je préfère le télétravail au travail au bureau. Mon environnement de travail est aussi bien. Je travaille **plus**, je fais **moins de** pauses mais j'échange **autant** avec mes collègues. Mes horaires sont **plus flexibles** et je suis **moins stressée**. Le télétravail, pour moi, c'est vraiment **mieux** !

**8** a. Je permets. ; b. Tu permets. ; c. On permet. ; d. Nous permettons. ; e. Vous permettez. ; f. Ils permettent.

**9** A 1. Jérémie, le téléconseiller, utilise des capsules de café de bonne qualité. ; 2. Au service développement, ils boivent une grande quantité de thé.

B 1. J'achète ce nouveau modèle dès que possible. ; 2. Demain après-midi, je lis ta deuxième synthèse sur le lancement de ce produit.

### Séquence 15 — Donner des conseils — p. 54-56

**1** a. 2 ; b. 2 ; c. 1 ; d. 2, 3, 5 ; e. 1, 2, 5.

**2** a. Situation 5 ; b. Situation 2, Situation 4 ; c. Situation 2, Situation 4 ; e. Situation 3 ; f. Situation 6 ; g. Situation 7.

**3** Le matin : se réveiller, s'étirer, se lever, prendre une douche / un bain, rester au lit.
Quand on veut dans la journée : écouter de la musique, s'étirer, prendre une douche / un bain.
Le soir : se coucher, prendre une douche / un bain, s'endormir.
La nuit : dormir.

**4** a. Je suis moins stressé maintenant parce que je **ne** fume **plus**. ; b. J'aime passer un bon moment avec mes amis : je **ne** consulte **jamais** mon téléphone au dîner. ; c. Je ne veux pas être stressée : je **ne** consomme **jamais** de thé ou de café après 16 heures. ; d. Maintenant, je lis un livre avant de dormir : je **ne** regarde **plus** la télé. ; e. Je **ne** me lève **jamais** après 9 heures parce que j'ai des journées très actives. ; f. Je **ne** peux **plus** dormir tard parce que j'ai un enfant maintenant.

**5** a. Comment est-ce que nous pouvons arrêter de fumer ? ; b. Comment s'endorment-ils ? ; c. Comment tu fais de la méditation ? / Tu fais de la méditation comment ? ; d. Comment est-ce que vous connaissez ces conseils ? ; e. Comment il se concentre ? / Il se concentre comment ?

**6** a. Pour se détendre, il aime faire du sport après **le travail**. ; b. Je me couche avant **23 heures**. ; c. Ne regardez pas la télé avant de **dormir**. ; d. Pour passer une bonne soirée, vous devez limiter les écrans après **le dîner**. ; e. Le matin, il faut s'étirer avant de **se lever**.

**7** a. Étire-toi le matin. ; b. Réveille-toi à la même heure. ; c. Ne vous couchez pas après 23 heures. ; d. Ne vous isolez pas le soir et le week-end. ; e. Détends-toi avant de dormir.

**8** a. Les enfants **dorment** ; b. Nous **ne nous endormons pas**. ; c. Il **dort**. ; d. Je **m'endors**. ; e. Tu **t'endors**. ; f. Vous **dormez**.

**9** a. par ; b. chaque ; c. après ; d. devant ; e. jamais ; f. très.

### BILAN 5 — p. 57-58

**STRUCTURES DE LA LANGUE**

1. a. ; 2. b. ; 3. b. ; 4. d. ; 5. a. ; 6. b. ; 7. a. ; 8. b. ; 9. d. ; 10. b. ; 11. d. ; 12. a. ; 13. c. ; 14. b. ; 15. c.

# CORRIGÉS

## ◾ COMPRÉHENSION ORALE

**1** **De la part de :** Mickaël Dubois
**Pour :** Madame Lévis
**Objet de l'appel :** reporter/déplacer le rendez-vous du 3 avril.
**Information :** Nouvelle proposition pour le 8 avril à 10 h.

**2** Conseil 1. **c.** ; Conseil 2. **f.** ; Conseil 3. **d.** ; Conseil 4. **a.** ; Conseil 5. **b.** ; Conseil 6. **e.**

## ◾ COMPRÉHENSION ÉCRITE

**Nom du produit :** Ben
**Lieu de fabrication :** France
**Consommation d'eau :** 3,5 litres
**Nombre de couleurs :** 16 couleurs possibles
**Prix :** entre 490 € et 540 €
**Avantages :** compact, petit, facile à utiliser, très pratique, personnalisable, écologique.

### Séquence 16 — Raconter une expérience — p. 59-61

**1** a. 2 ; b. une imprimante ; c. 1 ; d. parce qu'il y a des promotions ; e. 2 ; f. 2.

**2** B. 1 et 3 ; C. 2 et 3 ; D. 1 et 2.

**3** A 1. une commande ; 2. une livraison ; 3. un retrait ; 4. une vente ; 5. un remboursement ; 6. un échange.

**3** B 1. livraison ; 2. échange ; 3. achats ; 4. promotions ; 5. articles.

**4** L'année dernière → En avril dernier → La semaine dernière → Lundi dernier → Hier matin → Hier après-midi → Ce matin

**5** a. Le restaurant de la ferme ; b. L'hôtel des voyageurs ; c. La librairie du monde ; d. Le café des arts ; e. La pharmacie de la place ; f. Le fleuriste de l'amour ; g. La boulangerie du centre ; h. Le supermarché de l'avenir.

**6** a. être ; b. avoir ; c. prendre ; d. faire ; e. pouvoir ; f. vouloir ; g. lire ; h. boire ; i. partir ; j. sortir ; k. venir ; l. dormir ; m. attendre ; n. écrire ; o. finir ; p. ouvrir.

**7** b. En février, nos partenaires chinois **sont venus**. ; c. En mars, nos clients **ont reçu** notre nouvelle offre. ; d. En avril, la nouvelle directrice **est arrivée** dans l'entreprise. ; e. En mai, nous **n'avons pas pris** de stagiaires. ; f. En juin, nous **avons eu** des problèmes financiers. ; g. En juillet, les ingénieurs **ont produit** un nouveau prototype. ; h. En août, le service communication **a choisi** le nouveau logo. ; i. En septembre, nous **avons ouvert** un troisième magasin. ; j. En octobre, je **suis allé(e)** aux États-Unis. ; k. En novembre, deux collègues **sont parti(e)s** à la retraite. ; l. En décembre les salariés **ont pu** prendre des vacances.

**8** a. Hier soir, nous **sommes parti(e)s** à 18 heures. ; b. La semaine dernière, nous **avons dû acheter** de l'encre. ; c. L'année dernière, nous **avons vendu** beaucoup de tables en verre. ; d. La semaine dernière, elle **est allée** en Italie. ; e. Ce matin, j'**ai vu** ma collaboratrice. ; f. Hier, vous **avez fait** sept livraisons.

**9** A 1. présent / passé composé ; 2. passé composé / présent ; 3. présent / passé composé ; 4. passé composé / présent ; 5. passé composé / présent ; 6. présent / passé composé.

B 1. elles arrivent ; 2. tu regardes ; 3. il a travaillé ; 4. ils ont participé ; 5. je rencontre ; 6. tu es entré(e).

### Séquence 17 — Présenter son parcours professionnel — p. 62-64

**1** a. 2 ; b. 1 ; c. 2 ; d. 2 ; e. 2 ; f. 1.

**2** Décrire sa formation : **e.**
Décrire son parcours professionnel : **b., c.**
Décrire ses compétences professionnelles : **a., f.**
Décrire ses qualités personnelles : **d.**

**3** a. image 5 ; b. image 1 ; c. image 3 ; d. image 2 ; e. image 4 ; f. image 7.

**4** Cher Émile,
Comment tu vas ? Bien j'espère.
Moi, j'ai obtenu mon **diplôme** d'ingénieur et je suis en Allemagne avec Marine.
Je cherche du travail dans le **secteur** de l'automobile, mais ce n'est pas facile parce que je n'ai pas beaucoup d'**expérience**.
J'ai **postulé** dans plusieurs entreprises et j'attends des réponses. La semaine prochaine, j'ai un **entretien** chez BMW. L'entreprise **recrute** de jeunes ingénieurs.
Marine va bien aussi. Elle a trouvé un **poste** de designer dans une startup. Elle est très contente.
Et toi, comment se passe ton travail ?
À bientôt, Sébastien

**5** b. 2 ; c. 1 ; d. 4 ; e. 7 ; f. 6 ; g. 3.

**6** a. Quand avez-vous quitté la finance ? ; b. Pourquoi êtes-vous resté dans l'entreprise ? ; c. Qu'avez-vous fait pendant cette mission ? ; d. Dans quelles entreprises avez-vous travaillé ? ; e. Comment êtes-vous arrivé dans ce domaine ? ; f. Avez-vous aimé votre expérience à l'étranger ?

**7** **Le verbe se conjugue avec être :** b. aller, f. arriver.
**Le verbe se conjugue avec avoir :** c. comprendre, d. voir.
**Le verbe se conjugue avec être ou avoir :** a. sortir, e. passer.

**8** a. Ils **réfléchissent** ; b. Tu **finis** ; c. Nous **choisissons** ; d. Elle **réfléchit** ; e. Vous **finissez**.

**9** a. Ils **sont en train de monter** ; b. Elle **est en train de quitter** ; c. je **suis en train de m'inscrire** ; d. je **suis en train d'envoyer** ; e. Vous **êtes en train de compléter**.

**10** A 1. J'aime bien les langages informatiques, c'est sympa !
2. C'est important de lancer maintenant votre site Internet.
3. Pendant cinq ans, j'ai travaillé dans le secteur de l'industrie.
4. Je suis en train de passer mon entretien d'embauche pour travailler en intérim.

### Séquence 18 — Raconter ses vacances — p. 65-67

**1** a. 1 ; b. 3 ; c. 3 ; d. 2 ; e. 2.

**2** B. Il fait beau. ; C. On s'est baignés. ; D. On s'est promenés. ; E. Il fait mauvais. ; F. Je me suis bien reposé. ; G. Ce n'est pas très cher.

**3** 3 / 6 / 1 (exemple) / 5 / 2 / 4.

**4** A. 4 ; B. 1 ; C. 6 ; D. 3 ; E. 2 ; F. 5.

**5** a. septième ; b. Première ; c. neuvième ; d. trente-sixième ; e. centième ; f. dixième.

**6** a. Alex n'a pas regardé l'itinéraire, alors il s'est perdu. ; b. Patrick regarde des forums de voyage parce qu'il ne connaît pas la Suisse. ; c. Il va faire très chaud, alors Peter et Max prennent une bouteille d'eau. ; d. Vous devez vous levez très tôt parce que vous prenez le train à 6 h 30. ; e. Ils n'ont pas vu l'heure, alors ils sont en retard. ; f. Je te fais un cadeau parce que c'est ton anniversaire.

**7** a. Mon frère et ma sœur ne se sont pas baignés. ; b. Costanza ne s'est pas reposée. ; c. Tom et moi, on ne s'est pas promenés. ; d. Pablo ne s'est pas inscrit à un voyage organisé. ; e. Simon et Léa ne se sont pas rencontrés en Grèce. ; f. Cléa et Angela ne se sont pas levées à 9 heures.

**8** **Pendant** mes vacances, je n'ai pas eu de chance **parce qu'**il n'a pas fait très beau. Il a fait froid. Le dernier jour, il a plu **alors** je ne suis pas sorti. **D'abord**, j'ai regardé la télé et **ensuite** j'ai préparé à manger. J'ai dormi un peu dans l'après-midi. **Enfin**, j'ai fait un peu de ménage. Je ne me suis pas **beaucoup** amusé.

### BILAN 6 — p. 68-69

#### ◾ STRUCTURES DE LA LANGUE

1. a. ; 2. d. ; 3. d. ; 4. a. ; 5. b. ; 6. c. ; 7. c. ; 8. b. ; 9. d. ; 10. b. ; 11. d. ; 12. c. ; 13. c. ; 14. d. ; 15. b.

#### ◾ COMPRÉHENSION ORALE

Alex Fiorini : portugais : niveau **B2** / Diplômé d'**une Licence** de tourisme
Rodrigo Zavaleta : **Pas de formation universitaire.** / a beaucoup voyagé en Espagne **et au Portugal** (Sud) / Rigoureux, **organisé**, curieux.

#### ◾ COMPRÉHENSION ÉCRITE

1. c. ; 2. c. ; 3. b. ; 4. c. ; 5. b.

### Séquence 19 — Présenter un produit — p. 70-72

**1** A **Produit Marialy :** photo 2    **Produit Ecovert :** photo 3
**Produit Kidfrizz :** photo 1

B **Produit Marialy :** Contient des ingrédients naturels / Pour tous.
**Produit Ecovert :** Pour laver / Contient des ingrédients naturels / Pour tous / Contenant écoresponsable.
**Produit Kidfrizz :** Pour laver / Contient des ingrédients naturels / Parfum végétal.

## CORRIGÉS

**2** a. Personne 3, Personne 6 ; b. Personne 4, Personne 7 ; c. Personne 5 ; d. Personne 2.

**3** a. triangulaire ; b. rond ; c. rectangulaire ; d. ovale ; e. carrées.

**4** En mai, nous allons commencer notre campagne pour le **lancement** de notre nouveau déodorant Pschitt.
Anabelle va contacter **les influenceurs** qui travaillent avec nous. Ils vont faire des vidéos sur **les réseaux sociaux.**
Les **commerciaux** vont rencontrer les **consommateurs** dans les **supermarchés** la semaine du 15 juin.

**5** a. 6 ; b. 3 ; c. 5 ; d. 1 ; e. 4 ; f. 2.

**6** a. toutes ; b. tous ; c. toute ; d. tout ; e. toute ; f. Tous.

**7** a. Les influenceurs l'apprécient beaucoup. ; b. Pourquoi vous ne le présentez pas ? / Pourquoi ne le présentez-vous pas ? ; c. Les clients vont le découvrir demain. / Demain les clients vont le découvrir. ; d. Est-ce que tu veux l'acheter ? ; e. Nous ne le connaissons pas. ; f. Vous ne pouvez pas le vendre trop cher.

**8** a. – La femme qui est à côté de Paul et **qui** discute avec Luc, tu **la** connais ? – Oui. C'est Camille Tran. C'est elle **qui** va présenter notre nouveau catalogue. ; b. – Bonjour, je cherche un sac **qui** peut contenir mon ordinateur et mes dossiers. – Je vous propose ce sac. Je **le** trouve très élégant et il est léger. ; c. – Les influenceurs, on **les** convoque lundi ou mardi ? – Mardi, parce que Sabine veut les inviter avec la personne **qui** va faire la vidéo sur YouTube. ; d. – Tu utilises ce shampoing ? – Non. Je ne **l'**aime pas parce qu'il contient des produits **qui** ne sont pas naturels.

**9** a. tout ; b. toutes ; c. toute ; d. Tous ; e. tout ; f. tous ; g. toutes ; h. Toute.

### Séquence 20 Indiquer de bonnes pratiques p. 73-75

**1** a. 3 ; b. 1 ; c. 2 ; d. 3 ; e. 1, 2, 4.

**2** A Conseiller : 1, 3, 6. Déconseiller : 2, 4, 5.
B b. phrase 5 ; c. phrase 1 ; d. phrase 2 ; e. phrase 4 ; f. phrase 3 ; g. phrase 6.

**3** a. Acquérir des connaissances ; b. Développer des compétences ; c. Rencontrer une difficulté ; d. Une tâche, une mission ; e. Être expérimenté(e) ; f. Se former à un nouveau métier.

**4** a. écouter ; b. former - accompagner ; c. valoriser - féliciter ; d. montrer les outils ; e. présenter à l'équipe ; f. proposer un déjeuner.

**5** A 1. le ; 2. lui ; 3. l' ; 4. lui ; 5. l' ; 6. le.
B Ma stagiaire : Je la présente. ; Je lui montre les dossiers. ; Je l'encourage. ; Je lui propose mon aide. ; Je l'apprécie. ; Je la remercie.
Mes stagiaires : Je les présente. ; Je leur montre les dossiers. ; Je les encourage. ; Je leur propose mon aide. ; Je les apprécie. ; Je les remercie.

**6** a. Présentez-la à l'équipe. ; b. Proposez-lui de déjeuner à la cantine. ; c. Demandez-leur de participer aux réunions. ; d. Ne le laissez pas travailler seul. ; f. Ne leur donnez pas de tâches difficiles. ; e. Ne les faites pas travailler le week-end.

**7** a. 5 ; b. 7 ; c. 1 ; d. 4 ; e. 2 ; f. 3 ; g. 6.

**8** a. Tu vas **les** former ? ; b. Aidez-**le** si nécessaire. ; c. Je ne **le** connais pas bien. ; d. Je **leur** explique le travail à faire. ; e. Le directeur va **les** recevoir dans cinq minutes. ; f. Vous **leur** proposez un rendez-vous dans la semaine.

### Séquence 21 Décrire une tenue p. 76-78

**1** a. 1 ; b. 2 ; c. Elle trouve les sous-vêtements proposés un peu ringards. ; d. 2 ; e. 2 et 3 ; f. 1 et 4.

**2** A. 1 ; B. 2 ; C. 1 ; D. 2 ; E. 3.

**3** a. Elle porte une robe à pois, un gilet uni, une ceinture, des lunettes, des chaussures et un foulard. ; b. Il porte un pull à rayures, un short, des chaussures, un sac (à dos) et des chaussettes. ; c. Elle porte un gilet à fleurs, une jupe longue unie, un chapeau, des collants, des chaussures et des bijoux. ; d. Il porte un blouson (à capuche), une chemise à carreaux, un pantalon, des gants et une cravate.

**4** a. des gants **jaunes** ; b. une jupe **verte** ; c. des pantalons **orange** ; d. des collants **violets** ; e. une chemise **blanche** ; f. des chaussettes **noires**.

**5** a. – **Lesquels** préférez-vous ? Les sous-vêtements unis ou à fleurs ? – Ils ne me plaisent pas, je préfère **ceux** avec les pois. ; b. – Regarde le manteau ! On prend **celui**-là ? – **Lequel ?** – **Celui** de droite. ; c. – J'adore toutes ces chaussures ! – Oui, mais l**esquelles** sont les plus confortables ? – **Celles**-ci ! ; d. – Cette chemise est vraiment ringarde. – **Laquelle ? Celle** à carreaux ou **celle** à motifs ?

**6** a. Lesquelles ? Celles-ci ou celles-là ? ; b. Lequel ? Celui-ci ou celui-là ? ; c. Laquelle ? Celle-ci ou celle-là ? ; d. Lesquels ? Ceux-ci ou ceux-là ? ; e. Lequel ? Celui-ci ou celui-là ? ; f. Lesquels ? Ceux-ci ou ceux-là ?

**7** a. que ; b. qui ; c. qui ; d. que ; e. qui ; f. que.

**8** A [ʃ] : 1, 4, 6. [ʒ] : 2, 3, 5.
B 1. J'achète un gilet jaune, une chemise blanche à manches courtes et un short orange.
2. Elle cherche des bijoux, un joli chapeau, des gants et des chaussures à pois rouges.

### BILAN 7 p. 79-80

#### STRUCTURES DE LA LANGUE
1. c. ; 2. b. ; 3. a. ; 4. d. ; 5. c. ; 6. c. ; 7. d. ; 8. a. ; 9. c. ; 10. a. ; 11. a. ; 12. b. ; 13. a. ; 14. a. ; 15. a.

#### COMPRÉHENSION ORALE
**Taille :** Petite valise **Durée du séjour :** moins de 7 jours
**Couleur :** ⚪ **Motifs :** Personnes **Dimensions :** 48 cm
**Poids :** 2 kg 200 **Prix :** 90 euros **Promotion :** non
**Garantie :** 12 mois

#### COMPRÉHENSION ÉCRITE
1. d., j. ; 2. e., i. ; 3. a., g. ; 4. c., f. ; 5. b., h.

### Séquence 22 Décrire une expérience professionnelle p. 81-83

**1** a. 1 ; b. 3 ; c. 2 ; d. 2 ; e. 3 et 4.

**2** a. Personne 3 ; b. Personne 2 et Personne 5 ; c. Personne 6 ; d. Personne 4.

**3** **Accueillir** et renseigner les clients.
Encaisser les **achats**.
Promouvoir les offres **commerciales**.
Traiter les réclamations des **clients**.
Assurer le bon état marchand du rayon et de la surface de vente.
**Préparer** les commandes.
BAC pro vente et commerce ou justifier d'une **expérience** minimale de 2 ans dans le commerce d'alimentation.
Vous devez avoir un sens du **contact**, être **autonome**, ponctuel, dynamique et avoir le sens de **l'organisation.**

**4** J'ai fini mes études de droit **il y a** 4 ans. À la fin de mes études, j'ai fait un stage dans un cabinet juridique, puis j'ai eu un CDI dans ce cabinet **après** 6 mois. J'ai dû démissionner **après** 3 ans parce que nous avons déménagé en Guadeloupe pour le travail de mon compagnon. Quand je suis arrivé en Guadeloupe, j'ai suivi une formation de photographe professionnel **pendant** 3 mois. **Il y a** 2 mois, j'ai retrouvé un travail de juriste dans une administration, mais je travaille seulement 3 jours par semaine. Aujourd'hui, j'exerce deux métiers : photographe et juriste.

**5** a. qui ; b. où ; c. que ; d. que ; e. qui ; f. où ; g. que.

**6** a. J'étais très occupée. ; b. J'allais dans les magasins. ; c. Je faisais des contrôles. ; d. Je visitais les usines. ; e. J'avais des responsabilités. ; f. J'assistais à des séminaires.

**7** A [s] : 2, 3, 5. [z] : 1, 4, 6.
B 1. Il y a deux ans, j'ai occupé le poste d'assistante administrative dans cette société de formation.
2. Je suis rigoureuse et j'ai le sens de l'organisation.

### Séquence 23 Exprimer son opinion p. 84-86

**1** a. 1 ; b. 1 ; c. 2 ; d. 2 ; e. 3.

**2** a. Quelle galère ; b. Je suis content de travailler où je veux. ; c. je crois que c'est plus difficile de se concentrer ! ; d. Il y a aussi un gros

126 | cent vingt-six

# CORRIGÉS

problème : le bruit. ; **e.** ce n'est vraiment pas pratique. ; **f.** Je pense que c'était vraiment mieux avant.

**3 a.** calme ; **b.** concentré(e)s ; **c.** content ; **d.** énervée ; **e.** stressé(e).

**4 a.** aujourd'hui ; **b.** hier ; **c.** maintenant ; **d.** avant ; **e.** après ; **f.** avant.

**5 B.** Ça m'énerve ! ; **C.** Ça y est, j'ai terminé ! ; **D.** C'est noté, je fais ça aujourd'hui. ; **E.** Ça alors, quelle surprise ! ; **F.** Tiens, lis ça ! C'est génial !

**6 a.** C'est compliqué d'avoir des bureaux flexibles. ; **b.** Ce n'est pas inutile d'avoir des espaces collaboratifs. ; **c.** C'est facile de trouver un espace de travail. ; **d.** Ce n'est pas possible de travailler avec du bruit. ; **e.** C'est facile de réserver un box.

**7 a.** Il pense que c'est bien. ; **b.** Vous croyez que c'est terminé. ; **c.** Elle trouve que c'est une idée géniale. ; **d.** Je crois qu'ils ont besoin de vacances. ; **e.** Nous trouvons que c'est un bon projet.

**8 a.** Nous allons - Tu allais ; **b.** Nous faisons - Nous faisions ; **c.** Nous devons - Vous deviez ; **d.** Nous pouvons - Ils/Elles pouvaient ; **e.** Nous savons - Tu savais ; **f.** Nous voulons - Il/Elle/On voulait.

**9 a.** Maintenant ; **b.** Aujourd'hui ; **c.** toujours ; **d.** vraiment ; **e.** Ça ; **f.** tout le temps.

## Séquence 24 — Raconter un séjour          p. 87-89

**1 a.** 2 ; **b.** 1 ; **c.** 3 ; **d.** 3 ; **e.** 1, 3, 4.

**2 1.** b. ; **2.** d. ; **3.** e. ; **4.** a. ; **5.** f. ; **6.** g.

**3 A 1.** un couchage ; **2.** des pièces ; **3.** un équipement ; **4.** un forfait ménage ; **5.** un remboursement ; **6.** Internet inclus dans le tarif.

**B b.** 5. ; **c.** 3. ; **d.** 1. ; **e.** 4. ; **f.** 6. ; **g.** 2.

**4 a.** 2 ; **b.** 4 ; **c.** 7 ; **d.** 1, 2, 3, 5, 6 ; **e.** 4, 6 ; **f.** 3, 5 ; **g.** 3, 5.

**5 a.** Combien d'étages il y a ? ; **b.** Combien de semaines réservez-vous ? ; **c.** Il est parti combien de jours ? ; **d.** Combien de clients accepte-t-elle ? ; **e.** L'appartement a combien de fenêtres ? ; **f.** Combien de balades vous voulez faire ?

**6 A 1.** Quelle vue ! ; **2.** Quelles chambres affreuses ! ; **3.** Quel calme ! ; **4.** Quel beau pays ! ; **5.** Quelle superbe cuisine ! ; **6.** Quels tarifs ! ; **7.** Quelle nouvelle ! ; **8.** Quel mauvais temps !

**B Émotions ou avis positifs :** 1, 3, 4, 5.
**Émotions ou avis négatifs :** 2, 8.
**Les deux :** 6, 7.

**7 a.** J'avais du temps, alors je me suis promené(e). ; **b.** Théa a réservé ce gîte parce que les tarifs étaient bas. ; **c.** Le ménage était inclus dans le prix, c'était pratique. ; **d.** Nous avons profité de la piscine parce qu'il faisait chaud. ; **e.** Ils sont partis plus tôt parce que leur fils était malade. ; **f.** On n'aimait pas la maison, alors on a changé de gîte.

**8 A 1.** J'ai visité la ville. ; **2.** Je profitais du jacuzzi. ; **3.** On se promenait le soir. ; **4.** J'ai passé un bon séjour. ; **5.** Elle se couchait avant moi. ; **6.** J'ai réglé le problème dans la journée.

## BILAN 8          p. 90-91

### STRUCTURES DE LA LANGUE

**1.** c. ; **2.** d. ; **3.** c. ; **4.** a. ; **5.** b. ; **6.** b. ; **7.** c. ; **8.** a. ; **9.** b. ; **10.** a. ; **11.** c. ; **12.** d. ; **13.** a. ; **14.** a. ; **15.** b.

### COMPRÉHENSION ORALE

**1.** c. ; **2.** c. ; **3.** c. ; **4.** b. ; **5.** a.

### COMPRÉHENSION ÉCRITE

**1.** a ; **2.** a. ; **3.** b. ; **4.** a. ; **5.** b.

## Séquence 25 — Décrire un métier          p. 92-94

**1 a.** 1 ; **b.** 2, 3, 4, 5 ; **c.** 3 ; **d.** 2, 4, 5 ; **e.** 1.

**2 Personne 2 :** e. ; **Personne 3 :** d. ; **Personne 4 :** a. / e. ; **Personne 5 :** c. / e. ; **Personne 6 :** b.

**3** J'ai été hospitalisée deux jours à la **clinique** du Lac. Mon **opération** s'est bien passée. Maintenant, je dois suivre un **traitement** et prendre des **médicaments**. Une **infirmière** va venir chez moi pour les **soins** et je dois retourner au **cabinet** du docteur Blaise dans un mois pour une **consultation**.

**4 5 mots de la formation :** travaux, mémoire, stage, cours, soutenance
**6 noms d'animaux :** chat, chien, cheval, oiseau, poisson, lapin

| A | I | S | S | O | D | V | T | Y | B | Ê | O | S |
|---|---|---|---|---|---|---|---|---|---|---|---|---|
| S | O | U | T | E | N | A | N | C | E | X | D | H |
| U | Q | P | A | I | Z | P | C | H | A | T | M | U |
| V | U | É | G | Z | C | H | I | E | N | L | É | P |
| O | F | J | E | J | O | N | D | V | T | A | M | I |
| A | W | U | Z | P | U | A | C | A | R | F | O | E |
| K | I | È | B | U | R | T | O | L | A | P | I | N |
| I | P | O | I | S | S | O | N | S | V | U | R | I |
| B | A | X | L | I | G | P | L | U | A | G | E | S |
| C | S | R | E | O | I | S | E | A | U | X | H | B |
| O | I | È | S | L | O | M | P | T | X | M | A | U |

**5 a.** depuis ; **b.** depuis ; **c.** en ; **d.** en ; **e.** depuis.

**6** 👍 : a., d.    👎 : b., c., e.

**7 a.** plusieurs ; **b.** quelques ; **c.** chaque ; **d.** quelques ; **e.** chaque.

**8 A 1.** des stages. ; **2.** un journal. ; **3.** une opération. ; **4.** des locaux. ; **5.** des bureaux. ; **6.** un oral. ; **7.** un mémoire. ; **8.** des hôpitaux.

**B 1.** Il y a un stage. ; **2.** Tu achètes des journaux. ; **3.** Elles ont des opérations. ; **4.** Je m'occupe du local. ; **5.** Elle cherche un bureau. ; **6.** Nous allons passer des oraux. ; **7.** Tu corriges des mémoires. ; **8.** Ils construisent un hôpital.

## Séquence 26 — Échanger sur une formation          p. 95-97

**1 a.** 2 ; **b.** 3 ; **c.** 2 ; **d.** 3 ; **e.** 3.

**2 a.** J'ai besoin du catalogue pour cet après-midi. ; **b.** Oui, c'est fait ! ; **c.** Il lui faut un devis à la fin de la semaine. ; **d.** N'oublie pas que nous allons à Chartres demain. ; **e.** Moi aussi ! ; **f.** Ah bon ?

**3 1.** une bibliothèque ; **2.** une chaise / un fauteuil ; **3.** un bureau ; **4.** une armoire ; **5.** une étagère.

**4** Notre **catalogue de formation** propose 14 **programmes** différents pour répondre à vos besoins.
Vous pouvez **suivre** nos formations **en présentiel** ou **à distance** avec notre logiciel de visioconférence. Nous proposons des **sessions** tous les mois avec nos **intervenants** qui sont des experts qualifiés.
Tous les **participants** reçoivent une **attestation de formation** à la fin du parcours.
Nous pouvons aussi réaliser des **formations sur mesure,** cliquez ici pour nous contacter !

**5 a.** un achat ; **b.** une facture ; **c.** un paiement ; **d.** une livraison ; **e.** une commande.

**6 a.** quelque chose ; **b.** quelque chose ; **c.** quelqu'un ; **d.** quelque chose ; **e.** Quelqu'un ; **f.** quelqu'un.

**7 a.** 3 ; **b.** 5 ; **c.** 1 ; **d.** 7 ; **e.** 2 ; **f.** 4 ; **g.** 6.

**8 a.** Si ; **b.** non ; **c.** non plus ; **d.** aussi ; **e.** Si ; **f.** non plus.

**9 a.** Il fallait envoyer un mail à madame Traoré. ; **b.** Il lui a fallu une nouvelle chaise. ; **c.** Il va te falloir quelqu'un pour t'aider ? ; **d.** Il vous fallait quelque chose ? ; **e.** Qu'est-ce qu'il va nous falloir pour cette réunion ? ; **f.** Il nous a fallu deux jours pour terminer le devis.

**10 a.** du ; **b.** des ; **c.** de ; **d.** du ; **e.** de ; **f.** d' ; **g.** du ; **h.** des.

## Séquence 27 — Choisir une sortie          p. 98-100

**1 a.** 1 ; **b.** 2 ; **c.** 2 ; **d.** 3 ; **e.** 2.

**2 A 1.** e. ; **2.** f. ; **3.** b. ; **4.** d. ; **5.** g. ; **6.** a. ; **7.** h. ; **8.** c.

**B Proposer une sortie :** Un ciné ça vous dit ? / Et si on allait danser ce soir ?

**Répondre à une proposition :** OK pour l'expo. / Je n'ai pas trop envie de faire une visite nocturne, je suis fatigué. / Bof, ça ne me dit rien.

**Donner une explication :** On ne va pas s'amuser et je vais m'ennuyer.

**Rapporter des paroles :** Elle dit que cette rando roller est super. / Je vais demander à Stéphane s'il veut boire un verre.

**3 a.** restaurant ; **b.** cinéma ; **c.** discothèque ; **d.** musée ; **e.** galerie d'art ; **f.** bar.

**4 a.** un spectacle ; **b.** boire un verre ; **c.** un concert ; **d.** une rando roller ; **e.** un ciné ; **f.** participer à un spectacle d'impro.

# CORRIGÉS

**5** a. 1 ; b. 2 ; c. 1 ; d. 2 ; e. 1 ; f. 2.

**6** a. Vous **allez vous promener** en roller ? ; b. Ils **ne vont pas s'inscrire** à ce cours d'impro. ; c. Tu **vas te brosser** les dents avant de dormir. ; d. Elle **ne va pas se coucher** tard, elle ne veut pas aller au ciné. ; e. Nous **allons nous préparer** pour sortir mais nous **n'allons pas nous** maquiller.

**7** a. Elle dit que c'est délicieux. ; b. Une soirée électro, ça te dit ? ; c. On n'a pas trop envie d'aller le voir. ; d. Tu ne vas pas demander à ton copain ? ; e. On ne va pas s'amuser. ; f. On peut se faire un resto avant ou après le ciné ?

## BILAN 9 p. 101-102

### STRUCTURES DE LA LANGUE

1. c. ; 2. b. ; 3. c. ; 4. d. ; 5. d. ; 6. b. ; 7. b. ; 8. c. ; 9. c. ; 10. b. ; 11. d. ; 12. a. ; 13. d. ; 14. a. ; 15. c.

### COMPRÉHENSION ORALE

1. b. ; 2. Assistant administratif ; 3. 6 mois ; 4. a., b., e. ; 5. c.

### COMPRÉHENSION ÉCRITE

1. a. ; 2. c. ; 3. c. ; 4. a. ; 5. b.

### Séquence 28 — Organiser un événement p. 103-105

**1** a. 2 ; b. Le 13 mai ; c. 2 ; d. taxi ; e. 4 ; f. 4.

**2** Cher Monsieur Blanchet,

**Nous avons bien reçu** (d) votre commande pour la fête de votre société **et nous vous remercions** (c) de la confiance que vous accordez à notre entreprise.
**Veuillez trouver en pièce jointe** (f) un devis et une proposition de menu.
**Je me tiens à votre disposition** (e) pour toute précision.
**Cordialement** (a)
Vincent Beaumont

**3** a. les invités ; b. un devis ; c. des prestations ; d. un buffet ; e. un tarif.

**4** Aujourd'hui, je suis en congé. **Hier**, j'étais à Toulouse et **la veille** je suis partie à Barcelone. Mardi **dernier**, je suis allée à Milan.
**Demain**, je vais aller à Marseille. **Le lendemain**, j'irai à Lisbonne. Lundi **prochain**, je retournerai à Milan.

**5** a. rien ; b. pas ; c. rien ; d. jamais ; e. rien ; f. pas.

**6** a. inscrites ; b. détaillé ; c. achetés ; d. connus ; e. attendues ; f. prises ; g. choisie.

**7** a. En février, deux collègues quitteront l'entreprise. ; b. En mars, je pourrai recruter un nouveau collaborateur. ; c. En avril, nous aurons une augmentation de salaire. ; d. En mai, je prendrai une semaine de vacances. ; e. En juin, vous partirez aux États-Unis. ; f. En juillet, tu t'installeras dans ton nouveau bureau. ; g. En août, mon nouveau stagiaire arrivera.

**8** A 1. différente ; 2. identique ; 3. différente ; 4. différente ; 5. identique ; 6. différente.

### Séquence 29 — Échanger sur sa santé p. 106-108

**1** a. 3 ; b. 1 ; c. 2 ; d. 1.

**2** 1. e. ; 2. c. ; 3. g. ; 4. f. ; 5. d. ; 6. b.

**3** a. Il a une douleur au poignet. ; b. Il a mal au ventre. ; c. Elle a des douleurs à la jambe. ; d. Elle a mal au dos. ; e. Elle souffre de fatigue visuelle.

**4** a. La personne est face à deux écrans qui sont **à la même hauteur**. Sa main droite est **en contact avec** la souris de l'ordinateur. Le clavier est **proche de** la souris.

b. Sur le bureau, il y a deux ordinateurs. **Au-dessus du** bureau, il y a une étagère avec deux cadres photos posés **contre** le mur. **En dessous du** bureau, il y a deux chaises.

**5** a. On fait de moins en moins d'exercice physique. ; b. Il faut de plus en plus faire attention à sa santé. ; c. Avec nos nouvelles chaises, nous avons de moins en moins mal au dos. ; d. Mes yeux sont de plus en plus fatigués à cause de la lumière bleue. ; e. Avec ses nouvelles lunettes, elle a de moins en moins de problèmes visuels. ; f. Les problèmes de santé liés aux écrans impactent de plus en plus de gens.

**6** a. On a eu la même idée. ; b. Nous avons la même chaise / les mêmes chaises. ; c. Ils n'ont pas acheté la même paire / les mêmes paires de lunettes. ; d. J'ai le même problème que toi. ; e. Vous avez le même ordinateur / les mêmes ordinateurs. ; f. Elles n'ont pas la même responsable.

**7** a. 5 ; b. 3 ; c. 7 ; d. 1 ; e. 4 ; f. 2 ; g. 6.

**8** Forme active : a., d., e.   Forme passive : b., c., f.

**9** a. à ; b. sans ; c. cou ; d. sens ; e. aux ; f. cent ; g. on a ; h. peu.

### Séquence 30 — Décrire un comportement et des habitudes p. 109-111

**1** a. 1 ; b. Depuis 33 ans ; c. 2 ; d. parce qu'il vient d'arriver dans l'immeuble. ; e. indépendant ; f. 2.

**2** a. Je suis timide ; b. À quelle fréquence tu fais le ménage ? ; c. je discute avec les gens. ; d. On peut sortir ensemble de temps en temps. ; e. Quand j'ai fini de manger. ; f. Quelle activité te motive pour sortir le weekend ?

**3** faire les courses / Héloïse ; faire le ménage / Thomas ; faire la lessive / Héloïse ; préparer les repas / Moi ; faire la vaisselle / Marc.

**4** a. Il est actif. ; b. Elle a le sens de l'humour. ; c. Il est timide. ; d. Elle est de mauvaise humeur. ; e. Elle est calme. ; f. Il est introverti.

**5** a. Que mangent-elles au dîner ? ; b. Qu'est-ce qu'ils ont étudié ? ; c. Elle préfère quoi ? ; d. Qu'est-ce que je nettoie ? ; e. Que pensez-vous de la colocation ? ; f. C'est quoi ?

**6** A 1. aucun ; 2. Aucune ; 3. aucun ; 4. aucune ; 5. Aucune ; 6. Aucun.

B 1. Il ne connaît aucun voisin. ; 2. Aucune pièce n'est propre. ; 3. Vous ne comprenez aucune question ? 4. Aucun colocataire ne regarde la télévision. ; 5. Je n'ai mangé aucun gâteau. ; 6. Vous n'avez regardé aucune série.

**7** a. Quel profil te ressemble ? ; b. Quels comportements t'énervent le plus ? ; c. Quelle maison est faite pour toi ? ; d. Quelles activités quotidiennes te prennent le plus de temps ? ; e. Quels loisirs t'intéressent ? ; f. Quelle chambre te plait ?

**8** 1. c. ; 2. f. ; 3. b. ; 4. d. ; 5. a. ; 6. e.

**9** a. Je m'o**cc**upe de faire la le**ss**ive. ; b. J'habite au **qu**atorzième étage. ; c. Je **s**ui**s** de mauvai**s**e humeur **ce s**oir. ; d. **C**'est une fa**ç**on de faire des **é**conomies. ; e. **C**e n'est pas né**c**e**ss**aire d'e**ss**uyer la vai**ss**elle.

## BILAN 10 p. 112-113

### STRUCTURES DE LA LANGUE

1. a. ; 2. c. ; 3. c. ; 4. d. ; 5. d. ; 6. a. ; 7. d. ; 8. d. ; 9. b. ; 10. c. ; 11. d. ; 12. a. ; 13. a. ; 14. b. ; 15. d.

### COMPRÉHENSION ORALE

1. c. ; 2. a. ; 3. b. ; 4. b. ; 5. b.

### COMPRÉHENSION ÉCRITE

1. c. ; 2. b. ; 3. c. ; 4. a. ; 5. b.

Dépôt légal : août 2022 - Édition : n° 03 - 89/6955/4
Achevé d'imprimer en juin 2025 par Vincenzo Bona S.p.A. en Italie

Hachette s'engage pour l'environnement en réduisant l'empreinte carbone de ses livres. Celle de cet exemplaire est de : **0,850 kg éq. CO$_2$**
Rendez-vous sur
www.hachette-durable.fr

PAPIER CERTIFIÉ